CONSTITUTION

A LIRE.

CONSTITUTION

A LIRE.

« J'ai rencontré sur ma route la tribulation et la
» détresse, et j'ai persévéré dans la méditation
» de vos préceptes. »

(*Ps.* 118, 9.e *Div.*, *trad. de La H.*)

PAR M. LE B.on D'ICHER-VILLEFORT.

PARIS,

IMPRIMERIE DE M.me VEUVE MIGNERET,

RUE DU DRAGON, F. S. G., N.° 20.

1814.

RÉFLEXIONS

PRÉLIMINAIRES.

Le temps ne cesse de faire sentir sa marche destructive, ni de prouver que les hommes ne savent ni souffrir, ni se corriger.

Le plus grand nombre préfère la folie de se tourmenter à la sagesse de se consoler.

L'esprit est inquiet, le cœur trop exigeant, et les passions si fortes, qu'on ne sauroit trop les méditer pour trouver le moyen de les museler.

Dieu ne pouvant cesser d'être juste, comment le temps pourroit-il cesser de donner des leçons utiles aux hommes? Ils ne savent guère en profiter, ne pouvant cesser d'être hommes....

On méconnoît son origine, et on cesse d'être la digne image de Dieu; dès-lors les choses les plus divines, les plus nécessaires, blessent les regards, parce qu'elles déposent contre notre profonde misère, et qu'elles nous montrent l'avenir armé de vengeance....

Il est des vérités si grandes, si *évidentes*, si *générales*, qu'elles embrassent le temps et l'éternité, étant aussi applicables aux hommes qu'à *Dieu*, de qui elles émanent et de qui elles tirent leur *force* et leur éclat. . . .

Nous dirons, qu'il est bien rare qu'il ne soit pas plus nécessaire *d'être ce que l'on n'a pas été*, que de continuer *à être ce que l'on est.* Mais vouloir être à-la-fois *ce que l'on a été*, *ce qu'on est*, et *ne pas être ce que l'on devroit être*, c'est être plus qu'irréfléchi, ah ! c'est être fou, c'est être ennemi de soi-même et d'autrui. . . . .

Pour renouer la chaîne des temps, qui peut croire possible d'être, politiquement parlant, ce qu'on a été dans l'ordre social, ce que l'on est, et ce que les autres étoient et sont encore ? . . .

La marche de la vérité est *franche*, *simple* et *naturelle*; et jamais pour faire un tout parfait, elle ne croira que c'est perfectionner que d'allier les conceptions de la licence à celles de la liberté, du crime à celles de la vertu, de la république à celles de la monarchie, du polythéisme à celles du christianisme. Son ambition est pure comme le foyer dont elle émane, et son utilité certaine comme le bonheur qu'elle promet.

Cessons de suivre ces réflexions, elles sont assez exprimées pour que je doive me dispenser de m'y appesantir davantage.

Les hommes de ce siècle ne rêvent, en France, que CONSTITUTION. Chacun veut en faire une, même les plus ignorans, comme moi, par exemple.

Du moins, pour ce qui me regarde, c'est sans danger pour la chose publique, puisque je cesse d'être l'apôtre de mes idées aussitôt que le bon sens ou les lois les condamnent.

Ici, je rappellerai ce qu'un docteur mahométan, grand justicier de *Bagdad*, disoit dans sa grande modestie, vertu peu commune dans ceux qui se mêlent d'instruire les hommes.... Ayant avoué ingénument son ignorance sur ce qu'on lui proposoit *d'éclaircir*, on lui reprocha les sommes qu'il tiroit du trésor royal pour décider sur toutes les questions. Il dit : *Je reçois du trésor à proportion de ce que je sais; mais si je recevois à proportion de ce que je ne sais pas, toutes les richesses du Calife ne suffiroient pas pour me payer.*

Je conviens pourtant, que je sais beaucoup; sachant être fidèle; sachant aimer ce que je dois aimer; sachant réfléchir; ne sachant pas être égoïste, et ne connoissant pas d'amour qui doive l'emporter sur celui de son pays : la vérité trouve toujours en moi un triomphe facile, et c'est là tout mon savoir, tous mes avantages, que nul ennemi ne sauroit me contester justement.

Quant à ces êtres indéfinissables qui, au commencement de la révolution, fixèrent sur eux tous les regards à force d'exagération, de démagogie et de crimes, dont le cœur froid glaçoit tout sans tempérer l'ardeur de leur imagination égarée, de leur esprit séduit ou corrompu, la sagesse sembloit leur dire : qu'à vouloir avoir une *constitution écrite*, on ne sauroit en avoir de meilleure pour les plus petits peuples comme pour les plus grandes nations, que celle que les quatre législateurs du monde écrivirent en caractères indélébiles lorsqu'ils traçoient l'histoire divine du mortel parfait.

Les leçons de l'expérience, consignées dans nos annales, ne nous avoient-elles pas appris, que les Rois de France, étant élevés dans les principes de la charte sublime, de la charte impérissable, universelle, leur volonté ne fut jamais tyrannique envers le peuple ? N'y lisons-nous pas que nos ancêtres avaient été assez judicieux pour voir dans les intérêts d'un Roi ceux d'un véritable père? Ah! qu'on ne nous dise point qu'on a été contraint à changer de manière de voir.... Non, la cause des courtisans, des ambitieux, n'a jamais été celle du peuple; aussi nous n'avons pas même à craindre qu'on nous oppose l'histoire sanglante d'un Louis XI.......

Les besoins des nations sont aussi illimités que ceux de l'homme-roi qui les gouverne... de sorte que la raison dit, l'expérience le confirme, que toute charte constitutionnelle étant extrêmement bornée de sa nature, sera toujours imparfaite, insuffisante, manquant de prévoyance... Elle est, ou peut être quelquefois, un sujet de discussion, de discorde et de trouble.

Après qu'on eut altéré, effacé, pour ainsi dire, du cœur humain la raison et le sentiment, on vit, pendant la révolution la plus immorale, les murs les plus apparens surchargés d'inscriptions remplies de préceptes, de saints principes.... On sentoit la nécessité de mettre sous les yeux du corps ce que ceux de l'ame ne fixoient plus, étant éteints dans le for intérieur. Sans cesse on promulguoit bien des lois nouvelles, mais sans cesse les préceptes, les principes et les lois étoient méconnues, violées.

La *conscience*, la *raison*, la *nécessité*

avoient pendant quatorze siècles tout rendu facile à nos pères en faveur de leur Roi. Et c'étoit, j'ose le dire, dans cette *triple unité*, qu'étoit renfermée toute la *charte constitutionnelle* qui les régissoit. Elle marchoit avec eux; ils la portoient au fond du cœur où elle étoit impérieuse et sacrée. Ils sentoient que c'étoit ce qu'il pouvoit y avoir de plus parfait, pour ainsi dire, que de s'y conformer aveuglément.

Le grand secret de rendre les peuples tranquilles et heureux, c'est de les rendre *croyans*; c'est de les empêcher de délibérer, de ne les consulter sur rien, de tout faire pour leur bonheur, de les instruire des devoirs de l'homme, et de leur faire de la soumission une source de félicité......

Les grands mots des écoles du philosophisme, sont aujourd'hui sans pouvoir; le crime, l'expérience, les malheurs les ont usés sur le tranchant de la faux du trépas..... Le temps en a fait justice en ramenant la raison; et leur sens infernal est effacé du Dictionnaire de l'honnête homme, de l'homme judicieux et sage, où l'expression de *loyauté* ne vieillira jamais...

Oui, je ne saurois voir dans le prétendu siècle de lumières, qu'un siècle de malédiction, d'horribles dévastations... Et j'espère, que le jour n'est pas loin où tout être pensant reconnoîtra que les êtres qu'on regardoit comme les flambeaux de la société, sont précisément ceux qui ont fait plus de mal que les torches même qui mirent en cendre tant de cités, tant de contrées, pour satisfaire *le Corse*, des cœurs barbares, cruellement ambitieux.

En toutes choses, il faut considérer leur commencement, leur nature et leur fin. Comme elles aboutissent toutes à l'homme, nous les rappelons toutes à l'imagination, lors même que nous ne les voulons considérer que sous les rapports de l'homme.

Dans le berceau je vois Dieu ; dans le cœur j'entends Dieu ; dans le jour qui m'éclaire j'adore Dieu ; dans la nuit du tombeau je reconnois encore Dieu.

N'y auroit-il que dans la religion de nos pères, que dans ce qui doit être notre règle, que dans ce qui doit accroître et maintenir le bonheur, que l'on reconnoîtroit comme forcément la religion de Rome ? Celle qui peut seule nous convenir, celle qui fut toujours, depuis *Clotilde*, dominante dans ma patrie ; contre laquelle les portes de l'enfer ne prévaudront jamais, même en France !

L'on est bien autorisé à le penser, à

l'espérer du moins, après tous les dangers qu'elle y a courus, et dont elle est toujours sortie, heureusement pour les Français, triomphante et glorieuse, nonobstant ses plaies les plus saignantes.

« La France doit au monde à jamais rappeler,
» Qu'aux ennemis de Dieu rien n'a pu ressembler (1). »

Oui, oui, l'impie sera contraint, tôt ou tard, à s'écrier, avec le roi-prophète : *Votre justice, ô mon Dieu, est la justice éternelle, et votre loi est la vérité.* Il aura beau séduire, en imposer aux foibles, si susceptibles de séduction, d'égarement ! il aura beau faire parler les passions, les mettre en jeu, les prendre pour les avocats de la cause des enfers, il pourra bien encore être écouté par quelques esprits faux, prévenus, pervers, délaissés, dès leurs premiers pas dans la carrière, par des parens indifférens sur toute morale : mais il sera contraint aux pieds du lit de mort de son père, de son ami, de suivre en quelque sorte en esprit, dans le silence de son cœur alarmé, dans les inspirations sacrées de sa conscience, dans l'amertume de

(1) La Harpe, *Poëme du Triomphe de la Religion*, ch. IV.

la perte qu'il va faire, l'ame même qui ne laisse plus dans ses bras, sous ses yeux, qu'un corps défiguré qui n'entend plus les accens de l'amour filial, de l'amitié constante et pure. Ce n'est plus qu'un cadavre hideux, qu'une chair glacée, infecte, effroyable, que les vers attendent, et que les parens les plus tendres fuient avec une secrette horreur. Oui, l'impie sera contraint de suivre, dans sa pensée, l'ame dans laquelle la sienne ne peut plus s'épancher, ne peut plus corrompre, égarer; il sera contraint, pour ainsi dire, d'être encore avec elle, de réfléchir à ses actions, et de sentir avec la force de la *justice éternelle* et des vérités indestructibles, l'avenir de la sienne dans celle pour laquelle il n'en est plus.... Quoi! parce que l'ame échappe à nos sens matériels, qu'on ne peut plus la distinguer sur la terre, ne seroit-il pas aussi extravagant de douter qu'elle ne soit dans l'atmosphère de Dieu, que de disconvenir que la dernière flamme du feu qui m'éclairoit ne se soit évanouie dans celui de l'homme, dans celui que je respire?

Pourquoi est-on aussi aveuglé qu'on l'est sur la nécessité de faire de la religion la base de toutes choses dans l'ordre social? C'est qu'on ne cesse de se tromper soi-même, de mentir à sa propre conscience ; c'est qu'on a si fort rompu les liens de la foi, et donné un si libre essor à ses passions, qu'on a fini par préférer croire qu'il n'est ni bien ni mal pour l'homme après sa mort, que de réfléchir sur les effrayans et inévitables effets de la justice divine... Ce qui me détermine, avant de commencer les *articles constituans*, arrêtera mes regards sur le matérialisme, afin de combattre son erreur, qui est la plus funeste aux peuples, aux nations, à cause qu'elle ouvre un vaste champ à toutes les autres....

Le *matérialisme* est un systême qui fait de l'homme un monstre d'égoïsme ; c'est un systême aussi dénué de vraisemblance et de vérité, que celui de l'athéisme. Ce sont deux hérésies passionnées, folles, également évidentes.

L'ame a le sentiment de son immortalité, comme l'univers a la preuve de la divinité de son auteur....

Le desir du parfait bonheur remplit notre ame, et c'est le seul qui ne s'éteigne jamais ; lui seul prouve un autre avenir ; lui seul prouve que le *parfait bonheur* existe. Il n'est jamais entré dans une tête bien organisée d'avoir envie de *l'impossible*, d'avoir ce qui n'est pas, ce qu'on ne peut atteindre.... Soit instinct, pressentiment, sensation, *un je ne sais quoi*, l'homme sent que son *desir* n'est pas dénué de fondement, qu'il n'est pas une folie..... En un mot, est-il naturel de desirer l'impossible? Cela étant, tout nous dit que le *parfait bonheur* ne peut être qu'où la foi le voit, qu'où l'esprit calme et le cœur vertueux le conçoivent. Donc la mort en est la porte, et l'immortalité de l'ame la jouissance: donc l'Evangile est tout ce qu'un peuple éclairé doit avoir de plus cher.....

Le cerveau et le cœur de l'homme, si j'osois, je les appellerois deux éponges mystérieuses imbues d'idées et de sentimens que le temps, les circonstances pressent des mains de la cupidité et de l'égoïsme, selon l'intérêt du moment. C'est là, c'est dans l'un et l'autre viscères qu'il est démontré que le *parfait bonheur* est indépendant de tout ce qui n'est pas Dieu. Il n'est point, par conséquent, ici-bas; où l'ame ne sauroit se mettre entièrement à l'abri des influences des évènemens, de nos propres besoins, des passions, des caprices qui nous surchargent de chaînes, que nous rompons un instant, et que nous renouons l'instant d'après.

Si l'ame n'étoit pas immortelle, si elle n'étoit pas émanée de Dieu même, elle ne se sentiroit pas influencer, inspirer par l'arbitre de ce qui est....

Les influences n'ont rien d'imaginaire ; elles peuvent être plus ou moins fortes, mais elles sont toutes vraies.... L'ame n'est pas exempte du supplice des remords dans ses forfaits les plus secrets que la loi des hommes ne peut atteindre..... Il n'est pas de la nature des choses d'être sans cause, sans motif, sans fondement, sans destinées....

L'ame est dans la tête; c'est le zénith de l'abrégé pensant de l'univers ; elle est le soleil de l'intérieur de l'homme. Elle a son aurore, son midi, comme l'astre radieux qui donne la vie à tous les êtres. C'est en elle que s'allume l'imagination, s'embrâse le sentiment... Le cœur est éclairé, vivifié par l'ame, comme, pour ainsi dire, la lune l'est par le soleil. L'ame dans tel viscère a plus de vie et de chaleur que dans tel autre, et son feu s'affoiblit à mesure qu'il s'éloigne de son foyer. Il devient force, souplesse, sensation, mouvement, obéissance dans les nerfs, dans les muscles, dans les artères des mains, ainsi que dans tous les autres membres du corps.

Comme l'ame, le cœur a ses éclipses, ses nuages, ses orages et ses saisons... Il transmet par des canaux divins le *feu de vie* dans toutes les parties du corps, qui est à-la-fois le tabernacle et le boulevard de l'ame, comme il en est aussi le *sujet* et le *soldat, l'ami* et *l'ennemi;* et cependant la vie qui est l'ame, est par-tout l'arbitre des destinées....

Comment se feroit-il donc que deux choses aussi différentes, aussi unies en même temps que le sont l'ame et le corps, et qui sont, quoique unies ensemble en un seul point, aussi séparées, puisque l'un n'occupe que la place où il est, où il repose, tandis que l'autre du sein de sa captivité,

« Du fond de sa retraite habite l'univers; »

Comment se feroit-il, dis-je, qu'avec des attributions aussi distinctes, aussi opposées, leurs destinées fussent les mêmes, celles du Néant?.... Si les animaux parloient, je croirois que ce sont eux qui ont suggéré à l'homme le systême du matérialisme....

Un guerrier qui compte ses victoires et ses champs de bataille par la perte de ses membres, qui n'est plus, quant au physique, que la moitié d'un homme; mais son ame étant indivisible comme Dieu même, enflamme encore ce tronc humain, susceptible encore de s'immortaliser.... Quoiqu'il ne puisse plus agir, il lui reste, nonobstant le sentiment de l'héroïsme, le feu de l'imagination.

Ici, je crois entendre le brave Barras, *chasseur noble* à l'armée de Condé, celui dont la *Quotidienne* demandoit s'il étoit frère ou parent de l'*ex-directeur*, qui eut l'infamie de s'entacher du sang de son Roi, et de s'abreuver long-temps avec délice, des pleurs des Français qu'il faisoit répandre..... Oui, je crois entendre cet autre chevalier *sans peur et sans reproche*, je crois le voir étendu sur le grabat d'un hôpital ambulant, ayant auprès de lui un grenadier blessé d'une balle dans le corps, qui lui faisoit pousser les hauts cris.... Barras, patient et souffrant, l'exhorte à se taire; représente qu'il fatigue, qu'il incommode ses camarades qui sont aussi grièvement blessés que lui-même.... Ce grenadier, plus susceptible d'humeur et d'impatience que d'attention, lui répond avec toute la vivacité de son âge et de la douleur qu'il éprouve : *Ah! monsieur, que cela vous est aisé à dire! si vous souffriez autant que moi, vous....*
« Mon ami, s'écrie l'ame forte de ce Barras
» dans son immortalité, songe que le *Dieu*
» et le *Roi* pour qui nous venons de combat-
» tre, que l'un est mort sur la *croix* et l'au-
» tre sur *l'échafaud*; et celui qui te parle a

» bien le droit de te prier de te taire, ayant » laissé ses deux jambes sur le champ de ba- » taille; tourne la tête, vois.... »

Pendant que ce héros parloit ainsi, les vers déja se disputoient la chair de ses jambes.... Dans cet exemple, puis-je voir le néant de l'ame?... Si les belles actions, si les beaux ouvrages font survivre leurs auteurs à eux-mêmes, et donnent à leur mémoire la durée des siècles, pourquoi les vertus auroient-elles moins de pouvoir dans l'éternité, que les talens, le génie n'en ont dans le temps, puisqu'il n'y a que Dieu seul qui soit au-dessus d'elles? pourquoi, dis-je, ne feroient-elles pas jouir l'ame de la félicité éternelle? Toute autre idée est monstrueuse, cessant d'être naturelle....

L'ame ne nous donne-t-elle pas une preuve de son immortalité par celle de ses ouvrages? Et ne semble-t-elle pas, en quelque sorte, se séparer de nous-mêmes de notre vivant? Qu'on me permette de suivre cette idée, de m'exprimer ainsi pour un instant:

La main transmet au papier la pensée, orgueil de l'*entendement;* et quand l'ouvrage dont elle a conçu le plan est fini, on l'y voit plus brillante, plus expressive, plus utile, plus ingénieuse, plus sublime ou plus coupable, plus perverse qu'elle ne l'est en nous-mêmes à l'instant qu'on la lit dans le livre, fruit de ses veilles et de ses méditations. Les idées qu'elle inspire, rendues dans un style enchanteur, la beauté du plan, le goût exquis, la sensibilité douce et délicate, la peinture des actions héroïques, les sentimens de religion, d'amitié, d'amour, d'estime, de reconnoissance et de respect; les exemples de vertu personnifiée, la vérité démontrée, la force triomphante, la mémoire, l'imagination, tout cela n'est-ce pas l'ame? et tout cela n'est-ce pas dans *Télémaque*, dans *le Discours sur l'Histoire Universelle*, dans les *Oraisons funèbres du grand Condé, de Turenne*, dans *Athalie?* Et où sont les têtes et les mains précieuses et chères qui animèrent les plumes d'où sortirent de si admirables chefs-d'œuvre?.... Oui, tant de talens, de vertus, de génie ne sont-ils pas entre les doigts des hommes, sous leurs yeux, sous le tympan de la presse; et le *volume cosmopolite* n'est-il pas ame?....

Les rats, qui rongent indifféremment *Dubartas* et *Voltaire*, comme dit Delille, peuvent-ils détruire le souvenir de *Zaïre* et de *la Henriade*, lors même qu'ils rongeroient jusqu'aux derniers feuillets du dernier exemplaire? peuvent-ils en effacer, dans la mémoire et le cœur des hommes, le souvenir, les impressions, les propres paroles, transmissibles de génération en génération ?....

Quoi! l'ame tendre d'un Racine, l'ame si belle d'un Fénélon, si sublime d'un Corneille, si sainte d'un Vincent-de-Paule, si auguste d'un Henri IV, si ingénieuse d'un Pascal, si noble, si valeureuse d'un Turenne, si généreuse d'un d'Assas, auroient-elles péri en entier? Elles vivroient encore sur la terre, et seroient mortes pour le ciel, pour elles-mêmes? Elles se seroient évanouies dans le vide glacé du néant, parce que le destin les a dégagées du néant lui-même, de l'ordure de la chair, du corps qui fut méconnoissable après sa mort?

Je dirai donc que les productions de l'ame, qui sont son ombre à nos yeux, et qui, sans être tout-à-fait elle-même, sont pourtant une lumière morale qui nous aide à nous conduire, ne sont pas plus compréhensibles à leur source, dans leur triomphe et leur immortelle durée, que ne l'est l'ame elle-même dans l'immensité des cieux.

Nul être ne se conçoit, et peu se connoissent... Et combien de génies, qui, avant leur mort, ont vu commencer leur immortalité? Eh!

qu'est-ce qui causeroit la mort, si ce n'étoit la séparation de l'ame avec le corps? La mort n'est que cela!

Si l'ame étoit mortelle, elle seroit moins distincte du corps.... Il y a encore plus de différence de l'un à l'autre, que de l'éther au cristal qui le contient.

Quel est l'anatomiste qui a trouvé la trace de l'ame dans le cerveau? Conçoit-il même comment la pensée a pu s'y former? comment elle peut se trouver, se perdre dans le labyrinthe de fibres, de viscères mystérieux? Et pourtant les veines les plus contournées, les plus difficiles à apercevoir, à suivre, n'ont point échappé à ses regards attentifs et curieux.

Quant au cœur, que je serois tenté de comparer à une bourse dont le temps dilapide le trésor, je demanderai si jamais on a retrouvé dans cet autre viscère les rayons de la mémoire, le flambeau de l'honneur, de la foi, les causes de l'amour, le fiel de la haine?...

Je compare le cerveau humain au *sac* qui contient les numéros de la loterie; et cette comparaison sera suffisante du moins, pour confondre ceux qui disent que tout est hasard....

Est-ce le hasard qui a tondu les brebis, filé la laine, qui en a fait du Sedan ou du Louviers?

Est-ce le hasard qui fait pousser la feuille du mûrier plutôt aux pieds du mont *Ventous* qu'à celui du *Cantal*, qui la fait manger au ver à soie préférablement à tout autre insecte? Est-ce le hasard qui dessine l'ovale admirable de son élégant sépulcre , d'où il sort en déployant les ailes d'un papillon? Est-ce le hasard qui fait que d'un fil presque imperceptible, l'homme se couvre de velours, de satins, de rubans enchanteurs? Est-ce le hasard qui a découpé, dessiné, brodé, ajusté le taffetas du sac des numéros de la loterie? Est-ce le hasard qui a donné une forme aux boules, inventé la figure et la valeur des numéros, qui a dessiné les tableaux de la fortune, qui a donné un prix à l'ambe? Non, très-certainement..... Ce qui est *hasard*, c'est le numéro que l'on sort du sac. Ce qui est *ame, esprit, éternité*, c'est la pensée qui se manifeste aussitôt.... Le tableau est couvert, la fortune s'est décidée; mais qui lui a donné le prix qu'elle a, est-ce le hasard? Non, c'est l'homme.....

Il me semble que si l'on vouloit mettre l'ame *en système*, en parler aussi pertinemment qu'on le fait du corps, et abonder dans cette présomption aveugle qui a fait tant de mal à ma patrie, qu'il étoit plus naturel, plus vraisemblable, ne voulant pas soumettre sa raison aux choses révélées, de la considérer comme un feu subtil, d'origine céleste, qui, dès le berceau, se manifeste à nos sens, et qui, près du linceul funèbre, de la pierre tombale, s'échappe par l'issue que la mort lui ouvre; et que, suivant son plus ou moins de force, s'élève et se rapproche du soleil des soleils, ce qui établit divers degrés de gloire et de félicité....

Si à mon tour je me plaisois à écouter l'imagination, que Montaigne, dans ses immortels *Essais*, a si bien caractérisée, je croirois peut-être que ce que dans l'animal on nomme instinct, que c'est un feu qui ne s'éteint pas avec la vie de la brute, étant destiné à contribuer aux supplices des damnés, comme, par exemple, l'ame des tigres, des vipères et des vautours..... et celui des papillons, des tourterelles, des agneaux, à la félicité des bienheureux. Cette idée, quoique fort singulière, n'est pas pourtant plus folle que beaucoup d'autres qu'on donne chaque jour pour de l'esprit, de la raison, du génie. Quant à moi, je ne l'estime pas plus qui si elle ne m'appartenoit pas; et sur tout ce qu'on pourroit en dire, si elle méritoit quelque attention, je demeurerois d'accord.

Mais revenons aux principes de morale, qui doivent être la base de toutes les institutions sociales.

La vertu est nécessaire à la satisfaction de l'ame, comme l'ame est nécessaire à l'existence du corps. La religion n'est point une idée politique, mais si bien un bienfait divin. Le soleil vivifie l'univers : sans lui il ne pourroit exister ; de même sans religion il ne pourroit y avoir de société, de gouvernement respecté et respectable. La religion anime, épure, ennoblit tout, donne du prix à tout, jusqu'aux moindres actions. Il faut donc que la politique se règle sur elle, qu'elle s'éclaire de son flambeau, afin qu'elle ne soit plus un monstre affreux qui prise également la vertu et le crime, suivant que l'une ou l'autre lui sont nécessaires.

Pour lors, les sermens, les liens du sang, les sentimens les plus nobles conserveront près d'elle tous leurs droits. Le temps apprendra aux hommes destinés à régir, à donner des lois à leurs frères, toute l'importance de la vérité de ces réflexions ; et on finira par savoir apprécier toutes les ressources de l'éducation.... Car, de la manière dont on a élevé cette génération, dont on élève celle qui la remplace sur les bancs des écoles, on diroit qu'un grand nombre de nos contemporains ne furent destinés qu'à figurer dans des salons; d'autres qu'à n'aimer que soi-même, et d'autres enfin qu'à se nuire, se haïr et s'entr'égorger les uns les autres....

C'est de l'éducation d'où s'écoulent les sources de félicité ou de malheur dont le ciel dispose à son gré envers les peuples comme à l'égard des princes. C'est par l'éducation qu'on prépare et qu'on asseoit toutes les institutions, tout ce qui doit faire la gloire et la splendeur des nations : c'est elle qui corrige la nature et maîtrise l'avenir.

Quelque charte constitutionnelle que nous eussions, Dieu même renouvelât-il sur Montmartre la scène si imposante, si radieuse de Sinaï, nous donnât-il lui-même, de ses mains toutes puissantes, des lois nouvelles, divines comme sa justice, j'ose avancer qu'elles seroient nulles pour le bonheur de la Nation, si les parens restoient froids aux préceptes de sa morale, indifférens sur l'avenir de leurs enfans, dont l'éducation auroit plus en vue les graces et les plaisirs, que les vertus et le bonheur.

En réfléchissant à *l'éducation*, chacun peut juger s'il est possible d'être entièrement exempts d'alarmes sur notre avenir, sous quelque point de vue qu'on le considère......

L'éducation qu'on donnoit sous le règne de l'usurpateur, étoit-elle plus religieuse, plus morale et moins futile que celle qui engendra le monstre jacobinite ? Voyez si elle tendoit à la conservation de l'homme ou à sa destruction ; si elle pouvoit être considérée comme un vrai garant d'union, de confiance et de paix ? Voyez s'il est possible d'y apercevoir un avenir serein ? Espérons tout de la sagesse, de la religion, des lumières du Roi vertueux qui vient de prendre les rênes de notre Gouvernement. Puisse-t-il faire revivre le bon vieux temps, nous rendre les mœurs des siècles des bonnes gens, que j'appelle *l'âge d'or !*

Tout Français est chrétien, et l'honneur autant que la foi lui font un devoir de vivre et de mourir dans la religion de ses pères. Si c'est un précepte incontestable, je demande s'il est permis d'oublier dans les actes les plus conséquens de la vie, ce que nous sommes, et ce que nous avons en même temps à craindre et à espérer d'être ?

Il est aussi vrai de dire que sans religion point de Gouvernement, qu'il l'est que sans religion point de salut....

Eh bien ! puisque nous ne sommes plus

les Français de 1714, sachons être au moins ce qu'il faut que nous soyons pour notre intérêt, pour la gloire de la patrie, pour la paix intérieure et extérieure..... Et ne tournons pas toujours sous nous-mêmes comme le serpent; n'imitons pas comme le singe; cherchons la vérité avec bonne-foi, et aimons-la avec candeur. Mourons à l'égoïsme, qui ne sauroit s'identifier à la sainteté du pur patriotisme. Reconnoissons que tant que l'on reste éloigné du vrai flambeau de l'ame, qu'on tourne vainement autour de la vérité, et qu'on ne s'arrête qu'à l'erreur.

Ainsi donc, *d'autres temps, d'autres soins*..... La fortune est inconstante, et jamais le crime ne jouit long-temps des avantages de la vertu.

« La guerre a ses faveurs ainsi que ses disgraces.... »

De sorte que quelque puissant que soit un usurpateur, et de quelques faveurs qu'il comble ses vils satellites, il ne sauroit trouver une raison qui calmât ses alarmes, qui le fît jouir de la tranquillité de l'ame vertueuse. Il n'y a de grand, de bon que la justice......

Enfin, puisque pour être à la mode en France, il faut rêver constitution, soyons aussi à la mode. Mais mettons-nous-y avec réserve, prudence et sagesse en écrivant nos idées, que nous soumettons, sans réserve, à la censure des Français.

Les institutions que des siècles ont usées, abolies, que d'autres siècles ont enfoncées davantage dans l'oubli, il faut les y laisser. Vouloir plonger jusqu'au fond du passé pour les en retirer, et les façonner d'après les montrueuses proportions modernes au cœur et à l'esprit des gens du siècle, les amalgamer, les saturer avec celles que le philosophisme a trempées dans les pleurs, dans le fiel, la fange et le sang, ce seroit une trop étrange conception; ce seroit une digue trop imparfaite pour l'opposer avec confiance au torrent des passions impétueuses....

Je ne finirois point si je voulois faire ici toutes les réflexions que l'expérience de nos longs malheurs me suggéreroient; je n'en ferai pas d'autres, car celles-ci, *bien méditées*, en fournissent des milliers d'autres. J'arrive donc, sans tarder davantage, au premier article *de la Constitution à lire*.

Article premier.

La France ne peut être qu'une monarchie, soit à cause de son étendue, soit à cause du caractère et des mœurs de ses habitans (1).

La couronne y est héréditaire; et suivant l'expression de la loi salique, que les Français n'ont jamais cessé de reconnoître et de confirmer, elle appartient à l'aîné de l'auguste maison de Bourbon, jusqu'à ce que Dieu, par l'extinction totale de cette dynastie, fasse rentrer la Nation dans le droit d'en disposer.

Si la *Constitution à lire* étoit celle des Français, leurs Rois ne pourroient s'allier par les femmes à aucune puissance étrangère.

Il y auroit des alliances *d'ordre*, que les souverains se donneroient mutuellement en

---

(1) « Et le vœu de son cœur fut trompé par nos vices....
» Bientôt épouvanté de nos premiers excès,
» Il a dû mieux juger l'impétueux Français;
» Dans le mal, dans le bien, de mesure incapable,
» Avec la même ivresse, ou sublime ou coupable.
» Heureux s'il peut souffrir un frein modérateur;
» Perdu s'il est chargé de son propre bonheur! »

(La Harpe, chant II *du Triomphe de la Religion*.)

présence de leur armée, et avec tout l'éclat de la majesté et des armes....

Si le Roi trouvoit à propos d'accorder une princesse de son sang à un prince ou souverain étranger qui la demanderoit, la constitution de l'Etat lui laisseroit une liberté entière.

Les Rois de France ne pourroient choisir leur épouse que dans le premier *couvent monarchique*, où chaque département enverroit la fleur des demoiselles, où on donneroit à ces *augustes vestales* une éducation proportionnée au brillant espoir de devenir un jour Reines de France. . . .

La famille qui auroit donné une souveraine à la France, n'auroit la certitude de cet honneur qu'après la mort de la Reine. Car les choses seroient assez bien calculées, pour que de son vivant elle ignorât de quel sang est issue la Reine....

Il y auroit dans chaque Gouvernement un *couvent monarchique*, où tous les aréopages du Gouvernement enverroient ce qu'ils auroient de plus digne d'admiration parmi les demoiselles bien nées. Tous les *couvens monarchiques* ne seroient régis que par des dames instruites et du plus haut mérite, dont la plus jeune ne pourroit avoir moins de cinquante ans. Quand une d'elles mourroit, chaque aréopage en proposeroit une autre au Roi pour la remplacer. Le Roi ne pourroit faire son choix qu'après avoir consulté son Conseil.

Les demoiselles n'y seroient admises qu'à l'âge de six ans ; elles y seroient conduites avec solennité.

Parmi ces demoiselles, on choisiroit dans celles qui auroient atteint leur dixième année, *l'auguste vestale* qui devroit être envoyée au *couvent monarchique* de la capitale. Il est je crois inutile de dire, cela étant si nécessaire et si naturel, qu'on nommeroit celle qu'on croiroit réunir tout ce qu'un Roi peut souhaiter dans sa compagne, et l'Etat dans sa souveraine.

Une fois que le choix seroit fait, on en donneroit avis au gouverneur, et *l'auguste vestale* seroit conduite par son confesseur, par deux dames, et par des détachemens de la noblesse des provinces qu'elle auroit à traverser dans le premier couvent monarchique de l'Empire.

Les seigneurs du royaume qui auroient mérité une grande récompense, le Roi leur désigneroit le couvent où ils pourroient choisir leur épouse.

Les nobles et les officiers, avec la permission du souverain, iroient aussi choisir une épouse dans le *couvent monarchique* de leur gouvernement seulement; et cette permission ne seroit jamais accordée sans, au préalable, avoir obtenu les meilleures attestations de bonne conduite de leur aréopage et de leur chef....

Si l'on regardoit comme impossible, quoique ce ne le soit point, que l'on pût laisser un grand nombre de familles dans l'incertitude de savoir si c'est leur fille qui est sur le trône de leur patrie, il faudroit pour lors que la famille de la Reine, qui seroit assez honorée d'avoir donné une compagne à son Roi, une souveraine à ses concitoyens, ne pût jamais paroître à la Cour du vivant de la Reine, à cause des inconvéniens que nous y apercevons.....

ARTICLE SECOND.

NUL ne pourroit régner sur les Français, s'il n'étoit pas de la religion de nos pères : *catholique, apostolique et romaine*, qui est celle de l'Etat.

Cette religion étant la plus parfaite dans sa morale, la plus divine dans ses mystères, la plus solennelle dans son culte ; celle que la simple vérité a élevée au-dessus des vaines idoles, dont le seul souvenir fait rougir l'humanité et déconcerte la raison. Celle-là, dis-je, est la seule qui puisse convenir à un peuple qui, de nos jours sur-tout, a manifesté le desir d'une charte toute divine, et dont la folie fut d'espérer qu'elle sortiroit des cerveaux gangrenés de philosophisme ; comme les aveugles et stupides païens croyoient, que Minerve étoit sortie, armée, de la tête de Jupiter, que Vulcain avoit fendue d'un coup de hache, pour le guérir d'un grand mal de tête.

La religion de Jésus-Christ embrasse le passé, le présent, l'avenir. L'homme la sent par-tout.... Par-tout il entend sa voix.... Nul mystère pour elle ; Dieu voit tout.... Nulle injustice à craindre en elle, Dieu est parfait. Elle *confronte*, si je puis rendre ma pensée ainsi, le temps avec l'éternité.

Cette religion devroit sur-tout convenir à des hommes, qui dans leur fallacieux *philanthropisme*, se montroient comme passionnés pour l'extravagant système *de perfectibilité*... Il n'y a de parfait que Dieu ; donc l'homme ne peut jamais atteindre la perfection.

S'il étoit vrai, que l'homme pût atteindre la perfection, quelle voie plus sûre que celle qu'a ouverte à tous les peuples, à toutes les nations le héros du ciel, le sauveur des hommes, dont les saints préceptes sont au-dessus de toute la sagesse et de toute la prévoyance humaine ?

L'esprit d'une religion aussi visiblement divine, ne sauroit autoriser ceux qui la protègent, la pratiquent, l'enseignent, à favoriser en rien les erreurs des sectes qui, dans leur orgueil autant qu'en leur folie, cherchoient à la détruire, à planer au-dessus de ses autels renversés.

Oui, tout déserteur du sanctuaire eucharistique n'est pas essentiellement Français ; n'est pas ce qu'étoient nos pères, ce que doivent être au péril de leur vie tous les enfans de Jésus-Christ....

Le Roi, les lois, la raison peuvent-elles favoriser l'esprit hérésiarque, qui n'a cessé d'ensanglanter la terre ?... Tout ne dit-il pas, la prudence, la vérité, le simple sens commun, le devoir, qu'il ne faut pas laisser accroître le nombre des sectaires ? Tout ne frappe-t-il point d'anathême toute folie, toute passion qui tend à affermir ou à multiplier les œuvres du démon ?....

Un roi est le père de ses sujets, parce qu'il doit à tous même protection, même amour. Il leur doit tout ce qui peut les éclairer sur leur bonheur, tout ce qui peut les rendre heureux, et doit travailler sans relâche pour y parvenir. Il doit à ses sujets, qui sont d'une autre religion que la sienne, la garantie de leurs propriétés, la sûreté de leurs personnes, la tranquillité *dans l'axercice privé de leur culte ;* la paix, étant une des plus grandes graces, un des plus plus grands bienfaits du ciel pour les empires comme pour les individus.

Un des plus impérieux devoirs du roi très-chrétien, c'est de punir exemplairement les irrévérences, les mépris des sectaires envers la religion.

Une révolution, plus signalée encore par son immoralité que par sa cruauté même, une révolution qui n'aspiroit qu'à faire disparoître dans le sang répandu des prêtres l'autel de notre Dieu, et dans celui du roi, le trône de notre Gouvernement, ne peut avoir été faite, non par de vrais philanthropes, mais par des monstres ennemis de la société. Il faut donc se méfier de leur esprit et de leur cœur.... Il faut donc revenir sur ses pas autant que c'est possible pour le bien général, autant que les circonstances le permettent, autant que la vérité en fait sentir la nécessité.

Je ne dirai rien sur la vente des biens du clergé, parce qu'il y a beaucoup trop à dire encore, quoique l'on ait beaucoup écrit sur le même sujet; mais enfin ils sont vendus, *et mal vendus*.... et cette vente a été ratifiée par le pape, quoiqu'il n'en eût pas le droit: je le pense en mon ame et conscience. Il n'a que celui d'ordonner, d'exiger la restitution de la chose volée à un moine, à un abbé, à un évêque, à qui que ce soit. On ne peut disposer de ce qui n'est pas à nous; nul ne peut penser le contraire.

Il est bien affligeant, il faut en convenir, qu'après avoir spolié l'église, dépouillé le clergé avec une rage qui ne sauroit se dépeindre sans tremper ses pinceaux dans les couleurs les plus infernales, de voir les vicaires réduits à mendier leur existence pour ainsi dire! Et pourquoi ne sont-ils pas salariés comme les curés? Il semble en vérité, que dès qu'un Français s'est consacré au sacerdoce, *qu'il a cessé d'être Français*, si j'en juge par la manière dont on en parle et celle dont on le traite. Il n'y a que les ames humaines, privilégiées, qui rendent aux prêtres les hommages qui leur sont dus. Parce que les vicaires remplissent avec un grand zèle les pénibles et saintes fonctions de notre religion, qu'ils se consacrent sans réserve à nos besoins spirituels, est-ce qu'ils n'ont plus aucun besoin eux-mêmes ? N'est-il pas révoltant qu'on soit obligé de faire des quêtes pour les nourrir et les vêtir ? Dès qu'ils sont vêtus d'une soutane, cessent-ils d'avoir des droits à notre estime ? cessent-ils d'être hommes, d'être nos concitoyens, nos frères ? et l'amour qu'ils nous prêchent pour notre prochain, faut-il le refuser à eux-mêmes ?

Plus il y a de pasteurs dans un troupeau, plus les brebis sont à l'abri des loups ravisseurs, mieux les champs sont préservés....

Il est donc nécessaire de rétablir au moins toutes les cures. La justice, l'humanité, la politique et le bien de l'état l'exigent. On souffre de voir, par des jours affreux, des vieillards, des femmes enceintes, des petits enfans venir de deux lieues, plus ou moins, par de mauvais chemins et des temps affreux pour entendre la messe. Ils sont donc placés, ces malheureux Français, entre les risques de manquer à leur devoir de chrétien, de ne pas entendre la morale du prône, de ne pas profiter des graces attachées au sacrifice eucharistique, et les dangers de prendre toutes sortes de maux ?... Il ne s'agit que d'avoir un cœur sensible, pour sentir tout ce que cela a d'affligeant.

Si nous voulions nous arrêter aux diverses

considérations religieuses, politiques et morales, on verroit combien il importe de donner à tous les villages, dans la seule personne d'un curé, un *avocat du roi*, *un censeur des mœurs*, *un juge-de-paix*....

ARTICLE TROISIÈME.

Le roi doit diriger l'éducation. Il en est de droit l'instituteur, comme étant l'image de Dieu sur la terre; et que la royauté unit à de grands droits civils et politiques, des droits qui tiennent aussi du sacerdoce.

De l'éducation dépend le bonheur général et particulier; la splendeur, la gloire de l'Etat....

L'éducation doit être religieuse, morale et patriotique..... La jeunesse passe si rapidement, est naturellement si frivole, qu'il est absurde de l'occuper à apprendre des choses inutiles (si elles ne sont pas funestes) au Gouvernement, à la prospérité nationale. Aussi les maîtres d'agrémens ne seroient permis qu'après l'âge de vingt ans.

Il faut proportionner les punitions au caractère... Pour cela, il faut long-temps étudier l'esprit et le cœur de l'enfant qu'on élève. Il faut observer les élèves dans leurs jeux; c'est-là où leur cœur se montre. Puisque tout dépend des premières semences jetées dans l'ame, et qu'il est si essentiel qu'elles soient les mêmes pour tous, il faut donc travailler de bonne heure, et selon que c'est nécessaire, le fond où on doit les jeter ? Aussi nous regardons comme indispensable que ce ne soit pas des hommes consacrés à Dieu par état, qui soient à l'abri de toute séduction *philosophique*, qui apprennent les premiers élémens de la raison, dans les rapports des hommes entre eux, et de l'ame avec Dieu.

En donnant à chaque curé un ou deux vicaires de plus, suivant la population de la paroisse, les enfans recevroient, sous les yeux de leurs parens, les premiers principes de l'*éducation nationale*. Cela donneroit en même temps plus de solennité au culte paroissial. Dès qu'un garçon auroit atteint sa cinquième année, on l'enverroit pour étudier deux heures le matin et trois l'après-midi, à l'*école curiale*.

Un instituteur ecclésiastique, est par état, plus patient, plus décent, plus réfléchi, que ne le sont communément de simples laïques.

La manie de vouloir montrer toujours de l'esprit, des connoissances, nous a fait un mal incalculable ; aussi a-t-elle fait des Français un peuple d'égoïstes et de *phraseurs* ; extrêmement frivoles sur les plus importans intérêts.

Le grand art, l'art par excellence, est celui qui fait tourner au profit d'une nation jusques à ses propres défauts. J'approuverois beaucoup qu'on établît dans chaque église une chaire d'éloquence morale et chrétienne pour les jeunes gens qui, depuis l'âge de dix-huit ans, jusqu'à celui de vingt-cinq, pourroient, à l'issue des vêpres des jours de fête, faire entendre à leurs concitoyens de grandes vérités ; qui peut-être feroient plus d'impression dans leur bouche que dans celle de leur curé, à cause que sûrement on les écouteroit avec plus d'attention.... En même temps que cela feroit ressortir les fruits de leur éducation, que cela mettroit à même de juger de l'étendue de leur capacité ; cela faciliteroit aussi au Gouvernement un choix estimable pour la nomination des places.

Il seroit indispensable de faire passer à la censure sacerdotale les discours des jeunes laïques, avant qu'ils les prononçassent en chaire. L'influence de l'impression que feroit leur discours, s'étendroit sur toutes les époques de leur vie privée et sociale.

Les enfans resteroient à l'*école curiale*,

jusqu'à ce qu'ils eussent atteint leur douzième année.

L'*école curiale* faciliteroit aux parens de s'entendre avec les régens de leurs enfans, pour le bien de leur éducation. Non-seulement l'éducation de l'*école curiale* seroit moins coûteuse, mais même elle procureroit aux parens quelques années de plus de jouissance de leurs fils. C'est d'autant plus à considérer, que c'est dans les commencemens qu'il faut entretenir avec le plus de soin la chaleur du sentiment dans l'ame d'un jeune homme. L'éloigner de sa famille de trop bonne heure, c'est vouloir glacer la douce chaleur de son ame.

On donneroit aux élèves des *écoles curiales*, pour encouragement, pour animer, autant que possible, leur émulation, l'espérance honorable d'être choisis pour aller achever leur éducation dans *le collège monarchique* de l'enfant royal, du fils chéri, espoir de la patrie.

Parmi les garçons des *écoles curiales* de chaque département, on en choisiroit un pour être élevé avec le Dauphin, et celui qu'on choisiroit seroit en tous points le plus digne d'éloges.

Une fois que ce choix seroit fait, le jeune

homme seroit pendant un an élevé à remplir ses devoirs de sujet respectueux auprès du Dauphin.

Il n'y auroit qu'un *collège* par département. Les places des professeurs ne seroient nommées que par les *aréopages*.

Il est *nécessaire* d'avoir un *Plutarque national*, afin qu'on n'apprenne plus aux jeunes gens à admirer les forfaits des hommes illustres, les parricides des Brutus, l'assassinat d'un grand homme, etc.

L'évêque, les présidens des corps constitués, les procureurs du Roi, les avocats-généraux, le plus ancien et le plus estimé des officiers de la ville départementale, seroient les seuls inspecteurs de l'éducation donnée dans le *collège*.

Tous les aînés des pauvres officiers, ainsi que ceux des brigadiers et maréchaux-de-logis de la gendarmerie, qui veille sans cesse au maintien du bon ordre, seroient élevés *gratis*; et aussitôt qu'ils seroient en état de servir leur pays, le Gouvernement les emploieroit selon qu'il le jugeroit à propos.

Article quatrième.

L'égalité est une chimère; la chose nous est inconnue, le mot seul existe.

Les hommes ne sont pas même égaux aux yeux de la loi ; et l'immortel auteur de la *Jérusalem délivrée* le pensoit de même, si j'en juge par ces mots remarquables de l'excellente traduction de M. *le Brun :* « La différence des rangs met de la différence dans » les crimes, et l'égalité dans les peines n'est » justice que quand il y a égalité dans les » personnes. (1) »

S'il est vrai que les hommes ne soient pas égaux aux yeux de Dieu, ils ne peuvent pas l'être non plus à ceux de la loi quand elle a à prononcer contre eux. Le mortel vertueux ne peut être l'égal du criminel ; et celui qui n'a failli qu'une fois, et qu'une seule faute traduit devant le tribunal de la justice, ne peut y être jugé avec autant de sévérité que celui contre lequel il plaide, si celui-là a été plusieurs fois condamné par elle. Il y a des modifications et des nuances qui, quelque légères qu'elles puissent être, il n'en est pas moins vrai qu'elles existent, et qu'elles seules suffisent pour établir l'inégalité.....

Une preuve que tous les hommes ne sont pas égaux aux yeux de Dieu, c'est non-seu-

---

(1) Chap. V, pag. 155 de la dernière édition de la traduction.

lement les divers degrés de vertus et de vices qui existent dans leur cœur, mais c'est même la différence des devoirs à remplir les uns envers les autres. Ceux des sujets envers leurs Rois, ceux des enfans envers leur père. *Rendez à César ce qui appartient à César. Père et mère honoreras, afin que tu vives longuement.*

Tous les hommes ne peuvent avoir les mêmes raisons d'espérer.... La loi doit être sage et juste, et ceux qui l'appliquent, judicieux et probes. Dieu seul est parfaitement juste.

Un fils plaidant contre son père, un soldat contre son général, contre un héros qui aura sauvé plusieurs fois la patrie, un sujet contre son Roi, je ne conçois pas comment ils peuvent entrer les uns et les autres dans les balances de Thémis, pour y être pesés comme des mortels égaux entre eux. Comment il sera possible que la main de la justice ne favorise pas le côté du père, du héros et du Roi!.... D'ailleurs, c'est par la seule raison même que l'on plaide qu'on n'est pas égaux......

Un vieillard, par l'importunité de ses pesantes années et de ses nombreuses infirmités, occasionne au jeune homme qui le sert des impatiences, des vivacités, des murmures et des dégoûts ; cela les aigrit l'un contre l'autre. Des torts mutuels s'en suivent, et tous deux comparoissent devant la loi ; l'un chargé d'ans, et l'autre aussi léger que son quatrième lustre le comporte. Je demande s'il est possible que la justice les regarde tous deux du même œil, et que le valet soit vengé, tout comme s'il eût plaidé avec un jeune homme qui n'eût pas été son maître? Si l'opinion dit que l'égalité existe dans les exemples même que je viens de citer, j'affirmerai avec la raison et l'expérience le contraire ; et j'ajouterai que jusqu'à la fin des temps ce sera ainsi, parce que les hommes seront toujours les mêmes.....

Est-ce que les juges qui appliquent la loi ont un égal jugement, une même manière de sentir, de voir?... Est-ce qu'en rentrant chez eux ils sont à l'abri de toute influence? Comment donc croire qu'eux-mêmes n'apperçoivent pas, n'établissent pas des inégalités dans ceux qui plaident, et qu'elles soient sans influence dans leur sentence? Pouvons-nous croire possible que les hommes soient même égaux aux yeux de la loi, puisque la loi *n'est que* la volonté la plus forte et la plus pure de l'homme? Et n'est-ce pas toujours l'homme qu'on rencontre à chaque pas?.....

Pourquoi, dans l'antiquité païenne, représentoit-on *Thémis* ayant un bandeau sur les yeux? Parce qu'on sentoit que tous les plaideurs n'étoient pas égaux. Mais en même temps c'étoit pour montrer combien la justice doit être exempte de toute séduction. C'étoit loin d'exprimer que les hommes sont égaux aux yeux de la loi, par la raison qu'elle n'agit jamais sans l'homme dont elle émane. Oh! que de jugemens qui prouvent chaque jour ce que j'avance!....

Il faut dire que la loi doit être la même pour tous, et non pas que tous sont égaux devant elle.

La justice ne devroit être rendue que par des hommes qui fussent morts au monde, qui fussent entièrement consacrés à Dieu.... qu'ils fussent à-la-fois juges et avocats.... Alors plus de déplacemens pénibles, plus de frais exorbitans, plus d'occasions extraordinaires de dépenses, plus de temps perdu, plus de séduction, plus de prostitutions dans les procès.

Le lieu où les *cénobites-magistrats* rendroient la justice, seroit un des plus respectés..... Dans le vestibule de la demeure de ces chrétiens généreux, il y auroit une colonne vide, consacrée à recevoir les pièces et les mémoires des procès à juger. On les y jetteroit comme on met une lettre à la poste. Le procès, aussitôt jugé, seroit renvoyé aux personnes intéressées.

Plus de juges-de-paix.

L'établissement des juges-de-paix peut-être excellent en Angleterre; mais à cause du caractère français, il ne vaut rien en France. Il est très-préjudiciable à la fortune publique. Chez des peuples flegmatiques, dont l'imagination est tiède et le caractère froid, il doit y avoir bien moins de causes de plaidées au tribunal du juge-de-paix, que chez une nation ardente, impétueuse, irréfléchie; et doivent être incontestablement moins remplies d'incidens, de circonstances aggravantes. Elles doivent, par conséquent, déplacer moins de témoins qu'en France, où j'ai remarqué quelquefois, que pour le moindre intérêt, il y avoit des querelles qui déplaçoient dix, vingt, trente témoins, quelquefois la moitié d'un village; ce qui fait perdre un temps précieux à l'Etat.

Nous observerons, en outre, que c'est une nouvelle occasion de scènes scandaleuses, de haines particulières, de débauche et d'*oisi-*

veté ; tandis que s'il n'existoit pas des juges-de-paix, les voisins, des parens, des amis, le curé, le temps seul arrangeroient d'aussi petits différends. O que de siècles se sont écoulés en France, sans connoître le besoin d'un juge-de-paix !.....

Le grand vice est de trop multiplier l'homme dans les institutions sociales. La perfection est d'en employer le moins possible.

En même temps que la loi proscrit les abus, elle en est l'occasion. Tel est le déplorable effet de la condition de l'homme, de ne rien faire de bien que le mal ne soit à côté.

Je ne saurois non plus approuver les tribunaux d'appel, parce qu'ils ne font que prolonger l'incertitude et le malheur ; qu'accroître les dépenses, et que jeter dans de nouveaux embarras, que donner de la célébrité à des choses, que bien souvent il eût été sage de ne pas rendre publiques. C'est de l'homme retomber dans l'homme ; c'est proprement aller d'abyme en abyme.

Un seul tribunal suffiroit par département. Quand on aura moins de facilité pour plaider, on sera plus accommodant ; les arbitres seront plus occupés.....

Au lieu d'avoir des tribunaux d'appel, il vaudroit mieux avoir un tribunal pour juger les juges et les avoués, *car enfin, ils ne sont pas infaillibles*, et qui siégeât dans les tribunaux même où on rend la justice.

Dans chaque cour de justice il y auroit trois *juges suprêmes*, choisis parmi les magistrats âgés de soixante ans, jouissant de plus de considération et d'estime. Ils assisteroient à toutes les séances, et n'auroient d'autre occupation que d'observer si les juges et les avoués font leur devoir. Leur présence feroit le meilleur effet, parce qu'elle seroit en tout en accord avec l'esprit du public spectateur.....

Après l'audience, ils rappelleroient, si on s'en étoit écarté, les articles de la loi qu'on auroit mal conçus, ou feroient enfin les observations qu'il y auroit à faire. Si, durant l'audience, les avocats, les avoués sortoient des bornes de la décence et du devoir, ce seroit eux qui les jugeroient et condamneroient sur l'heure.

S'il arrivoit qu'il y eût des magistrats qui n'eussent aucun égard à leur représentation, ils les dénonceroient sur l'heure *au tribunal suprême*, qui seroit établi à Paris pour juger tous ceux qui sont consacrés à rendre la justice à leurs concitoyens.

Comme nous venons de le dire, il n'est rien

d'égal sur la terre. Aussi il seroit convenable que toutes les conditions, que tous rangs fussent distingués les uns des autres, par la raison que cela ne permettroit à personne d'oublier les devoirs que la société impose.

Chaque profession auroit sa couleur; sur les boutons on verroit celle d'un chacun....

Les femmes ne seroient distinguées que par leurs schalls. Celui des femmes des employés par le Gouvernement, seroit bleu de roi, semé de fleurs de lys et d'étoiles; pour les dames, ils seroient en soie, et les lys et les étoiles en or.

Pour les dames nobles, le schall seroit écarlate, semé de fleurs de lys en argent.

Pour les dames des commerçans et des bourgeois, il seroit bleu de ciel, semé d'étoiles en or pour les riches, et en couleur pour celles qui ne le seroient pas.

Les plumes ne seroient permises qu'aux dames de la cour.

Nul ne pourroit porter l'épée qu'avec un uniforme; nul ne pourroit porter un uniforme sans porter aussi son épée.

On ne seroit reçu à la cour qu'en uniforme.

Il y auroit trois jours dans l'année pour y

recevoir ceux qui n'auroient pas droit de porter un uniforme.

Article cinquième.

Tous les Français indistinctement seroient citoyens et soldats.

L'homme n'est libre que par la *force* qu'il possède ou qu'il acquiert. Il n'y a donc que l'*homme fort* de libre. Et quel est l'homme le plus fort ? C'est celui qui triomphe le plus de lui-même.

L'homme qui craint Dieu, qui sait se suffire, qui ne connoît pas la cupidité, qui est soumis à la loi, est *roi par-tout*....

De la liberté individuelle se compose la liberté publique ; l'une et l'autre se lient du même droit, du même intérêt. Ce que la morale défend à un seul, elle le défend à tous... La loi doit être pour tous ce qu'elle est pour un seul.

L'homme ne tient au Gouvernement que par la loi..... On ne peut donc avoir prise sur lui que par elle ; on ne peut donc sévir contre lui que d'après une application légale de la loi.

Tout acte arbitraire est un crime qui ne doit jamais rester impuni.....

La loi ne doit jamais condamner l'homme à des chaînes. La nature punit, mais la nature n'enchaîne personne. Elle a ses foudres, ses orages, ses grêlons; mais elle n'a point de fers. Dieu a voulu que l'homme n'eût d'autres chaînes que celles que lui-même s'impose dans sa folie ou dans sa foiblesse.

Il est vrai que la nature a des maladies qui sont de véritables chaînes pour l'homme, mais ce n'est pas en cela qu'on doit l'imiter.

Nul ne doit être enchaîné, quelle que soit sa faute, parce que l'homme dans les chaînes est plus humilié, dégradé, que par quelle mort terrible qu'on puisse lui faire subir.

Je n'ai jamais vu de conscrit, ayant la chaîne au cou, comme un vil animal qui se fait traîner à la boucherie, que mon sang, mon cœur, mes entrailles, mon esprit, en un mot, tout mon être n'en aient reçu la plus pénible impression; que je n'aie long-temps réfléchi, gémi sur la malheureuse condition de l'homme, qui ne sait que la rendre plus déplorable encore.

Tout homme que la loi a fait arrêter, s'il s'échappe, il se juge lui-même; il se condamne, et doit subir, aussitôt qu'il est repris, la rigueur de la loi à laquelle il a voulu se soustraire.

Toutes les fois qu'un citoyen seroit arrêté, il seroit conduit à la porte de son église paroissiale, où le ministre du Seigneur, revêtu des habits solennels du sacerdoce, lui feroit une morale relative à sa position, lui donneroit les conseils d'une mère tendre, lui en prodigueroit les consolations, et le préviendroit que, s'il s'échappoit, la loi de l'Etat exigeoit qu'il ne fût pas reçu dans son église.

De là, il seroit conduit à l'hôtel-de-ville, où le maire lui diroit aussi, du ton le plus imposant, que s'il trahissoit la confiance de la loi, de la force armée, du Gouvernement, en trompant la vigilance des gendarmes, on le banniroit pour dix ans du lieu de sa naissance.

Par l'effet de ces formalités, qui ne s'effaceroient pas aisément de l'esprit du prévenu, ni de celui des spectateurs, on n'auroit plus besoin de chaînes pour conduire ses semblables..... L'opinion, l'éducation, sur-tout, amèneroient de pareils résultats; et l'homme, nonobstant son crime, conserveroit une sorte de dignité, même sur l'échafaud.

Plus de prisons d'état; plus de cachots sans jour, plus de prisons mal-saines, plus de geoliers inhumains et usuriers. Oui, oui plus de prison pour l'homme, si la loi n'en ouvre la porte....

ARTICLE SIXIÈME.

La liberté de la presse doit être en accord avec toute espèce de liberté inhérente à l'homme.

A l'égard de toutes choses, les lois doivent être conséquentes, doivent être toutes judicieuses et sages, toutes basées sur les mêmes principes *de politique et d'équité*.... Toutes conçues d'après cet esprit de sagesse et de raison qui rapproche l'homme de son divin auteur.

Par-là on rendroit à la litterature la dignité qu'elle a perdue ; par-là, le titre d'auteur cesseroit de rappeler des idées vénales et déshonorantes ; par-là, les bons ouvrages cesseroient, pour ainsi dire, d'être encombrés chez les libraires par une vaine multitude d'écrits qui ne sont adressés qu'à la bourse du public, c'est-à-dire qu'ils n'ont été composés que pour lui arracher la somme dont leurs auteurs ont besoin. On n'écriroit plus que pour être utile, que par devoir et non pour s'enrichir.

Pour lors on ne verroit plus dans les livres ces longs et pernicieux passages consacrés au commerce de la librairie, à la séduction, à la corruption. Au contraire, on verroit toutes les idées de l'ouvrage se rapporter à son titre ; on n'écriroit que pour acquérir de la gloire, que pour recevoir des mains de son Prince la récompense nationale. En un mot, on seroit plus fondé qu'on ne l'est dans *ses motifs d'impression*.

Il seroit défendu à l'auteur, comme à l'imprimeur, sous peine d'une prison perpétuelle, d'imprimer plus de deux cents exemplaires. Le premier seroit pour le Gouvernement. Si le Gouvernement trouvoit l'ouvrage de nature à être conservé, à être répandu, il en feroit diverses éditions, qu'il donneroit à vendre pour son compte aux libraires. Alors, suivant le degré d'estime que le public accorderoit à l'ouvrage, le Gouvernement feroit présent à son auteur d'un plus ou moins grand nombre d'exemplaires revêtus de tout le luxe typographique. Ce seroit honorable pour la famille de l'auteur, et très-avantageux pour le Gouvernement.

ARTICLE SEPTIÈME.

LA loi ne doit punir que les délits commis, et non ceux que la haine, la médisance, la calomnie, la vengeance, ou une prudence criminelle ou pusillanime peuvent faire présumer qu'on veut commettre...

Il n'y auroit donc plus d'espions, mais il y auroit beaucoup plus *d'inspecteurs*...... Il en faut pour tout ce qui tient à l'organisation sociale; et à moins de n'avoir quarante-cinq ans, nul ne pourroit l'être.

La dépense des espions est considérable pour l'Etat. L'espionnage a toujours produit plus de mal que de bien..... Souvent on a cherché la cause de bien des maux dont on auroit trouvé la source dans l'espionnage, si on y eût réfléchi. Il rend le Gouvernement craintif, trembleur, incertain; entraîne les plus grands abus; des malheurs, qui sans lui n'existeroient pas.

Les hommes sont, en général, si irréfléchis dans leurs discours, que c'est leur faire trop d'honneur que de les croire conséquens, plus forts que la loi, que le Gouvernement, si le Gouvernement est *réellement constitué*.

Punissez le délit où il est prouvé; ne cherchez pas où il peut être.

« Quiconque est soupçonneux invite à le trahir. »

Ce vers si connu n'est pas dépourvu de

vérité, nonobstant l'expression impropre de *invite*....

Je le répète, au lieu de *vils espions*, ayez de *respectables inspecteurs* pour toutes les places, et alors chacun étant plus attentif à son devoir, à quoi pourroient servir des espions?.....

ARTICLE HUITIÈME.

L'HOMME est roi dans sa demeure. La loi seule y est au-dessus de lui.

Nul ne pourroit être arrêté dans sa maison; toute demeure est un temple patriarchal, que l'innocence de ceux qui l'habitent, que leurs dieux pénates et d'autres grandes considérations doivent rendre inviolable. Ne seroit-ce que les maux que la frayeur peut causer à des adolescens, à une femme enceinte, que c'est bien suffisant pour la faire respecter.

On peut entrer dans la demeure d'un citoyen pour y apporter l'appel de la justice, l'expression de la loi, les ordres du Gouvernement.

Nul ne pourroit être arrêté dans la maison d'autrui, ni dans les églises.... Il n'en seroit pas de même des salles de spectacle, ni des autres lieux publics.....

Aucun ministre du culte ne pourroit, sans s'exposer à la rigueur des lois, laisser réfugier un criminel dans son église, hors des heures ascétiques.

L'église est le seul temple que la clémence ait dans l'univers.

Chacun doit se faire un honneur, un devoir de faciliter l'arrestation d'un grand criminel.

Les passe-ports ne seroient jamais nécessaires qu'aux individus des autres nations voyageant en France.

ARTICLE NEUVIÈME.

TOUT homme est libre de se choisir le genre d'occupation qui lui convient, l'état auquel il se sent appelé.

Tout Gouvernement a le droit incontestable de choisir ceux qui lui paroissent les plus propres aux emplois de la chose publique, aux intérêts de tous. Mais on ne sauroit mettre en cela trop de prudence, de réflexion, de discernement, de justice....

De cette conduite dépend la prospérité de l'Etat.

Tout Français reconnu impie et immoral seroit indigne de tous les emplois.

ARTICLE DIXIÈME.

Les attentats envers l'honneur seroient au même degré de délit qu'envers la vie.

On n'attaque l'honneur qu'en niant malicieusement le courage ou la probité d'un de ses semblables dans le poste qu'il occupe.

Tout homme qui feroit rougir la délicatesse d'une femme, qui, après l'avoir séduite, la trahiroit, seroit puni d'emprisonnement et d'ignominie....

ARTICLE ONZIÈME.

Point de Gouvernement sans impôts.

On ne sauroit mettre trop de justice dans la taxe imposée aux citoyens.

Chaque citoyen contribuable a le droit de connoître l'état des finances du Gouvernement de son pays, comme les siennes propres.

Si nous admettons que la Nation avoit le droit de vendre le bien du clergé, nous dirons qu'elle a sur-tout celui de les faire payer leur juste valeur.

Les dangers pressans de la patrie rendent tous les moyens de salut permis, pourvu qu'ils ne soient pas contraires à la religion de l'Etat :

La servir, la sauver, est ce que tout

homme doit avoir de plus à cœur, et aucun sacrifice ne doit lui coûter.....

Un impôt connu sous la dénomination d'IMPÔT SECRET, qui seroit convenu avec *les commerçans*, vaudroit mieux, *sous tous les rapports*, que celui des *droits-réunis* dont la vexation est odieuse.

Ce seroit aux départemens voisins de celui qui auroit été grêlé ou ravagé par les débordemens des rivières, à s'imposer librement pour secourir les propriétaires qui auroient souffert..... Les secours pour les personnes aisées seroient des *sommes prêtées ;* et pour le pauvre peuple, *des dons* en nature ou en argent.

Le Gouvernement tiendroit compte de l'argent donné. Les commissaires de ces départemens connoîtroient mieux la vérité.... Les communes qui ont souffert l'exagèrent au Gouvernement; tout porte à le croire.... la départition des indemnités seroit plus juste.

L'impôt sur les cartes à jouer et sur les billards ne sauroit être trop fort.

On mettroit aussi des impôts sur les terres qu'on défricheroit. On en connoît la nécessité ; il est donc inutile d'en dire les raisons.

ARTICLE DOUZIÈME.

LA personne du Roi est inviolable et sacrée. En elle tout bon citoyen, tout bon Français, tout être judicieux, doit voir la loi personnifiée, le centre, l'ame de la puissance nationale, l'image de Dieu même.

Donc la raison, la justice, la politique exigent impérieusement que quand le Roi paroît on lui rende tous les honneurs imaginables, parce qu'ils sont reversibles à la nation entière.....

Fût-il même un mauvais Roi, on lui doit obéissance et respect.

Loin que cela rabaisse l'homme, comme l'a prétendu une *insensée philosophie* dans les jours de sang et de désolation, cela l'élève au contraire, au plus haut degré de gloire d'ici-bas.

Le Roi, je le répète, n'est-il pas l'ame du *corps social*, et sa puissance et sa grandeur ne sont-elles pas l'ouvrage de Dieu et des hommes ?....

N'est-il pas le centre *de la circonférence nationale?* n'est-ce pas à lui où tout se réunit, où tout doit aboutir, d'où tout part? C'est *l'astre humain rayonnant de lois* qui doivent tout vivifier.

L'astre du jour n'est pas à nos yeux dans un continuel éclat, faut-il donc s'étonner qu'il soit impossible que celui dont je parle, qui s'élève chaque jour au milieu de ses sujets, rappelle :

« .... Qu'à l'humanité si parfait que l'on fût,
» Toujours par quelque foible on paie le tribut ? »

Il faut pour le Roi *un culte*, pour ainsi dire, qui, sans idolâtrie ni avilissement, fasse ressortir, autant que possible, la majesté du monarque et la splendeur du trône.

Oui, il n'est rien d'aussi essentiel, après les grandes vérités éternelles, que de ne jamais oublier qu'en honorant son Roi on s'honore soi-même ; on remplit le devoir le plus important de l'amour patriotique.

Il n'y auroit qu'un seul homme d'admis au coucher, au lever, à la toilette du Roi, afin que le plus de sujets possibles ne vissent jamais que le *monarque*.... Le temps de maladie seroit seul excepté.

Jamais un Roi ne doit porter un costume semblable à aucun de ceux de ses sujets.

Un Roi doit souvent visiter les établissemens publics de la ville royale, quelquefois ses provinces.

Chaque garnison auroit son aumônier, et seroit départie de manière que le Roi, en faisant le tour de son royaume, trouvât partout des troupes où il seroit obligé de s'arrêter. Par cet ordre de choses, il n'auroit avec lui qu'une suite peu nombreuse, et les frais de son voyage ne seroient pas considérables.

Dans cette tournée vivifiante, tout ce qui tient au culte, aux autorités religieuses, civiles et militaires, *à l'éducation*, à l'agriculture, au commerce, aux arts, aux prisons, aux travaux publics, seroit l'objet de son attention.

Il verroit par lui-même si les divers inspecteurs, son aide-de-camp *général-inspecteur*, lui auroient fait, après leur tournée, de fidèles rapports, et si chacun fait son devoir...

On doit rendre, l'intérêt commun l'exige, son Roi aussi puissant que possible. Mais plus il est puissant, *moins il doit lui être libre de nuire à ses sujets*.... Aussi ne doit-on lui faciliter que de faire tout le bien qui est dans son cœur.

Un Roi, sans inconvénient, a le droit de faire la paix à sa volonté.

Le Roi n'auroit pas le droit de déclarer la guerre. Ce n'est pas même son intérêt d'avoir un pareil droit, et sur-tout celui des peuples...

On devinera mes raisons avant même que j'aie achevé cet article.

Le Roi, sans consulter ses sujets, traiteroit des intérêts de l'Etat avec les puissances voisines.... Mais aussitôt que ses négociations seroient infructueuses pour le maintien de la paix, il en informeroit les aréopages de son royaume, qui députeroient sur-le-champ deux de leurs membres par départemens, pour aller sur la frontière de la puissance avec laquelle on seroit menacé d'avoir la guerre, qui sans doute seroit assez sage pour adopter cette mesure, traiter des affaires qui auroient rompu la bonne intelligence qui régnoit auparavant entre les deux cabinets.....

Les députés des deux différentes nations sachant à quoi ils exposent leur pays, leurs compatriotes et leurs propres familles s'ils se déclarent la guerre, seroient bien zélés, bien éloquens pour rétablir la bonne intelligence entre les deux souverains.

S'ils y parvenoient, leur retour dans leurs villes seroit, par-tout où ils passeroient, célébré par des fêtes, par des honneurs publics.

Si, au contraire, la guerre étoit déclarée, la nation fourniroit, de bonne grace au Roi, tout ce qui lui seroit nécessaire, puisque ce seroit elle qui l'auroit déclarée, et que son intérêt et sa gloire exigeroient qu'aucun sacrifice ne lui coutât à faire, afin de la rendre la plus courte possible....

Dès l'instant que la guerre seroit déclarée, on arboreroit sur toutes les tours ou clochers un drapeau noir; et les prières publiques pour demander le retour de la paix, seroient solennelles, quotidiennes, et auroient lieu après les heures du travail. Tous les spectacles seroient interdits pendant tout le cours de la guerre, tous les jeux défendus, et chaque citoyen seroit tenu de porter un signe de deuil. Par l'effet de ces mesures les guerres séroient infiniment rares puisqu'elles seroient justes.... et ne seroient pas de longue durée puisqu'elles imposeroient des privations à toutes les classes indistinctement.... On n'auroit plus l'air d'oublier que c'est le sang des hommes qui coule.

Quand les soldats partiroient du lieu de leur naissance, les autorités, le maire et le curé en tête les accompagneroient à un demi-quart de lieue de la ville, et leur feroient un discours avant de leur donner leur bénédiction.

ARTICLE TREIZIÈME.

Le Gouvernement, dans toute l'étendue du royaume, auroit toujours attention dans les fêtes qu'il donneroit, dans tout ce qui seroit fait pour arracher, par la curiosité ou l'alégresse, les citoyens à leurs travaux, de ne les donner que les dimanches, afin de ne pas faire perdre un temps si précieux à l'Etat.

Article quatorzième.

Le Roi auroit un grand nombre de pages, parce que ce sont autant de jeunes officiers qui croissent plus particulièrement que tous les autres élèves, dans l'amour et le respect dus à leur souverain.

Leur éducation doit être chrétienne, noble et militaire, perfectionnée par des épreuves bien réfléchies ; et doit être sur-tout exempte des futilités indignes des cœurs qu'on dirige vers l'héroïsme.

Le Roi seroit gardé de manière à ce que toute idée de révolte fût regardée, même par les factieux, comme impossible, comme une folie.

Autour de la famille royale, on verroit par-tout la puissance nationale, autant que l'imagination pourroit le concevoir.

L'appareil de la force, les démonstrations de la vigilance et du dévouement frapperoient sans cesse tous les yeux.

Les conseils du Roi seroient composés des

princes de son sang, des ministres, des maréchaux de France, de l'archevêque de Paris, de ses grands-aumôniers et des conseillers-d'état.

Le Roi ne pourroit pas laisser percer son avis dans son conseil, qu'autant qu'il connoîtroit celui de tous ses conseillers.

Il y auroit deux genres de conseils; *le conseil verbal et le conseil par écrit.*

Le *conseil verbal* seroit pour tout ce qui n'auroit aucun rapport aux lois, à la constitution, aux aréopages, et ne seroit composé que des princes du sang, des ministres, des maréchaux de France et des quatre grands aumôniers.

Le *conseil écrit* seroit convoqué dans les circonstances les plus importantes, et seroit composé de tous les conseillers permanens et extraordinaires; tous seroient tenus d'écrire et de signer leurs raisons, leurs avis.

Ces écrits seroient faits sur un papier de même format et de même qualité, afin qu'ils puissent être réliés, numérotés et gardés avec soin.

Ils ne pourroient en aucun cas avoir plus d'étendue que ne le comporte la grandeur de quatre pages papier à ministre, petit in-folio.

Quand le Roi auroit suffisamment réfléchi les écrits de son conseil, il se retireroit dans l'endroit où seroient ses cinq secrétaires, qui seroient choisis dans ce qu'il y auroit de plus estimable en France; ce seroient les amis particuliers du Monarque, ceux à qui il pourroit avec toute sécurité ouvrir son cœur. Il y en auroit un de choisi parmi les évêques, les généraux, les présidens des cours de justice, la noblesse et la bourgeoisie.

Ces cinq secrétaires logeroient dans le même hôtel et mangeroient ensemble. Il faudroit qu'ils fussent au moins âgés de quarante-cinq ans.

L'instant où le Roi monteroit sur son trône pour apprendre sa *décision* à son conseil assemblé, seroit toujours annoncé par trois salves de l'artillerie de son palais.

Son conseil entendroit alors la lecture de l'ordonnance nouvelle, avec autant de respect que s'il écoutoit Dieu même.

Article quinzième.

Le pouvoir royal seroit contre-balancé par les *aréopages* attachés aux municipalités des villes.

Le pouvoir national le seroit par l'armée.

Entre ces deux pouvoirs, il y en auroit un

de conciliation, qui seroit celui de la noblesse.

S'il s'élevoit jamais, ce que je regarde comme impossible, de grands différends entre le Roi et les aréopages, tous les premiers présidens des cours de justice et tous les évêques s'assembleroient sous la présidence d'un commissaire choisi par les aréopages et nommé par le Roi dans la ville la plus centrale de la France, pour délibérer en secret et tout concilier. On établiroit, comme une des premières lois fondamentales de la monarchie, que quelle que fût leur décision, le Roi, les aréopages et les peuples la suivroient, la respecteroient.

ARTICLE SEIZIÈME.

La France seroit divisée en gouvernemens, en départemens et en aréopages.

Les gouvernemens prendroient les noms des anciennes provinces, sans en faire revivre les privilèges.

Les départemens conserveroient leur dénomination.

Les aréopages prendroient les noms des villes où ils siègeroient.

Ceux des villes du premier ordre seroient composés de soixante vénérables;

Ceux des villes du second ordre de cinquante ;

Ceux de celles du troisième, de trente ;

Ceux de celles du quatrième, de seize ;

Ceux de celles du cinquième, de huit ;

Et ceux de celles du sixième, de quatre.

Une nation, par un seul corps de représentans, ne peut être raisonnablement représentée sur un seul point, sans qu'il puisse ne pas en résulter les plus grands abus, les inconvéniens les plus dangereux. Tel individu est parti digne de la confiance de ses commettans, que bientôt le séjour de la capitale le rend pour ainsi dire du parti qu'on veut qu'il soit. Les puissans factieux ont tant de moyens pour séduire et corrompre ! D'ailleurs, après quelques années de séjour dans Paris, on ne connoît plus guères que l'opinion, que l'histoire de Paris.....

Aucun *vénérable* ne pourroit avoir moins de cinquante-cinq ans. Ils seroient choisis indistinctement dans toutes les classes, riches ou pauvres, et plutôt parmi ceux qui ont beaucoup reçu de la nature, que parmi ceux qui se sont fait un jargon imposteur d'esprit par des demi-connoissances.....

Les habitans de la ville les choisiroient, et

nommeroient à vie ceux qui auroient obtenu le plus de suffrages.

Une fois les aréopages établis, quand il mourroit un vénérable, il seroit aussitôt remplacé par le choix de l'aréopage même.

Les plus grands honneurs seroient rendus au cadavre du vénérable.

Le jour de l'entrée du nouveau vénérable à l'aréopage, la municipalité donneroit une fête à la ville. Il y auroit un banquet de laboureurs et d'artistes, qui seroit servi par les vénérables; il y en auroit un aussi pour les pauvres, qui seroit servi par les prêtres et les officiers municipaux.

A chaque aréopage, il y auroit un orateur nommé par le Roi ... et un secrétaire qui seroit nommé par l'aréopage.

L'uniforme des vénérables seroit une robe rouge, semée de fleurs de lys en or, pour ceux des villes du premier, du second et du troisième ordre; et pour ceux de celles du quatrième, du cinquième et du sixième, la robe seroit la même, mais les fleurs de lys seroient en laine jaune, ou en soie, si la robe l'étoit aussi.

Leur bonnet seroit en velours noir, fait comme celui des prêtres, avec la différence, que la houppe seroit plus fournie et bleu de ciel ; le bas du bonnet seroit entouré d'étoiles en argent.

Leur petit uniforme seroit noir, avec des boutonnières en or tout du long de l'habit. Sur leurs boutons, il y auroit un œil de justice.

Toutes les fois que l'aréopage s'assembleroit, le Maire commanderoit à tour de rôle vingt citoyens pour servir de garde et d'escorte aux vénérables.

Les robes seroient déposées chez le président de l'aréopage. Ce seroit chez lui où chaque vénérable se rendroit les jours d'assemblées, pour aller en corps et toujours en costume au lieu de leurs séances.

Les aréopages auroient un droit d'inspection sur tout.

Il n'y auroit, dans aucun cas et sous quelque prétexte que ce pût être, sous peine d'être ignominieusement cassé, de correspondance d'établie entre les aréopages.

Si cette loi étoit enfreinte, et que ce fût prouvé, le Roi auroit tout pouvoir sur les aréopages qui s'en seroient rendus coupables.

Si les juges, le maire, les consuls, les prêtres, les citoyens, les femmes manquoient à leur devoir d'une manière authentique, l'aréopage les feroit appeler, et en séance secrète il leur feroit une remontrance. *Si on ne se corrigeoit pas*, à la quatrième fois, la séance et la remontrance seroient publiques, si l'on n'y voyoit aucun inconvénient.

Les séances des vénérables ne seroient publiques que lorsqu'ils le jugeroient à propos; ils en feroient avertir la veille leurs concitoyens. Elles se tiendroient dans une salle uniquement consacrée à cet usage, et décorée avec toute la décence que la dignité nationale exige.

Le plus âgé des vénérables seroit de droit le président de l'aréopage. S'il y en avoit deux du même âge, le sort décideroit quel seroit celui qui le seroit à vie.

Aussitôt que le Roi proposeroit une loi au grand conseil, il recevroit par écrit de chacun des membres, leurs observations, leurs avis, qui seroient réduits en une seule analyse qu'on enverroit, sans éprouver le moindre retard, aux divers gouverneurs du royaume qui en prendroient connoissance, et y ajouteroit leur *avis*. Aussitôt ils feroient parvenir *la dépêche royale*, le même jour et à la même heure, autant que possible, à chaque aréopage qui s'assembleroit dès l'avoir reçue, et ne pourroit se séparer que la réponse ne fût faite. Elle le seroit dans les vingt-quatre heures, et seroït mise à la poste.

Leur réponse seroit renfermée dans une page et demie, au plus, de grand papier. Le format seroit le même pour tous les aréopages, afin de pouvoir relier leurs réponses qui seroient déposées dans les archives du trône, à côté des *conseils écrits*.

Leur réponse seroit adressée au Préfet du département; il résideroit dans la ville royale.

Aussitôt que le préfet, *ambassadeur départemental* auprès du monarque, et *inspecteur-royal* dans ses voyages dans le département, auroit reçu le vœu national, ou pour mieux m'expliquer, l'expression des aréopages, il l'iroit déposer dans la colonne servant de piédestal à la statue qui représenteroit son département, et qui seroit rangée dans la ligne de celles des autres départemens, adossées aux murs de la salle du trône.

Le Roi seroit le président né de *l'assemblée monarchique*, ou bien de la *cour législative....*

La volonté nationale étant connue, et je soutiens que ce n'est que de cette manière qu'elle peut l'être, et que la vérité peut arriver au souverain, le Roi décideroit si la loi proposée est adoptée; si elle est consacrée au rang de celles de l'Etat. S'il en jugeoit autrement, il permettroit que la discussion s'ouvrît sur les observations des aréopages; et pour lors ce seroit le président de l'aréopage de la ville royale qui présideroit *la Cour législative*. La discussion étant achevée, le Roi et les princes de son sang rentreroient dans la salle du trône; le président de l'aréopage alors sortiroit, et la loi seroit mise aux voix. Après le dépouillement du scrutin, le Roi décideroit si la loi nouvelle est consacrée loi de l'Etat. Si elle ne l'étoit pas, l'analyse de la discussion de *la cour législative* seroit envoyée aux aréopages, et cette fois il ne seroit plus libre au Roi, ni à la cour législative de suspendre la volonté nationale exprimée par la pluralité des suffrages du corps entier des aréopages.

La loi seroit donc proclamée d'après cet ordre de choses, non d'après la pluralité des avis des vénérables, mais si bien des aréopages.

L'orateur du trône, dans chaque aréopage, donneroit aussi sa voix; mais non pas le secrétaire.

Toutes les fois que le Roi proclameroit une

loi sur son trône, six salves de l'artillerie de son palais l'annonceroit à la capitale.

Si le Roi étoit malade, il seroit nommé un lieutenant-général du royaume; le plus proche parent du Roi seroit choisi pour lieutenant-général, et pour régent de son fils, si le dauphin n'étoit pas en âge de régner. Il ne le seroit qu'à vingt ans.

Toutes les lois et ordonnances royales seroient lues comme les mandemens des évêques, après la lecture de l'Evangile, à la messe du prône et au son des cloches. Elles seroient en outre affichées sur la porte de l'église, et promulguées par le maire en personne, avec le plus d'appareil possible, sur celle de l'hôtel-de-ville, et affichées trois dimanches de suite sur toutes les places publiques.

Article dix-septième.

Tous les maires des grandes villes seroient décorés, et seroient distingués des autres citoyens jusques dans leur voiture.

On choisiroit les maires des grandes villes parmi les plus riches citoyens.

Les maires des petites villes recevroient des appointemens.

Il n'y auroit plus de sous-préfets ; ils sont inutiles.

Le maire de *la ville départementale* exerceroit une juridiction sur tous ceux des autres villes.

Les communes pourroient s'imposer à leur gré, après en avoir obtenu la permission de l'aréopage, pour faire les réparations nécessaires ou des embellissemens utiles.

Pourvu que chaque municipalité fournît au Gouvernement les hommes et l'argent dont il a besoin, tous les arrangemens particuliers possibles lui seroient permis, pourvu toutefois que l'aréopage trouvât qu'ils sont dans les intérêts de la commune.

Le consul le plus intelligent surveilleroit tous les travaux publics ; tout citoyen auroit droit de les inspecter, si cela lui faisoit plaisir, et de dire au consul surveillant son avis. Si les observations paroissoient justes, le consul en feroit part dans la journée même à l'aréopage.

Ce seroit l'aréopage, réuni à la municipalité, qui décideroit quels seroient ceux qui devroient partir pour l'armée.

Le jour où le choix devroit se faire, la municipalité donneroit à la jeunesse de la ville et des environs une fête brillante. Vers la fin du repas, le président de l'aréopage, en grand costume, suivi des vénérables, du maire et des consuls, aussi en grand uniforme, poseroit une couronne de chêne, en fer blanc peint, sur la tête de ceux qui auroient l'honneur d'être choisis pour aller combattre pour la défense de la patrie, des foyers de leurs pères. Aussitôt on feroit entendre les cris de l'alégresse, *les cris français*; on chanteroit, avec les transports de l'amour de la gloire, *le chant du départ*, qui seroit composé exprès pour toute la France, et vieilliroit avec elle. Les militaires de la ville et des environs, officiers et soldats, tous retirés ou en semestre, serviroient cette jeunesse, et porteroient leur santé au banquet national. Après quoi on iroit à l'église, où le prêtre seroit, demander à Dieu son assistance pour les nouveaux défenseurs de la patrie; on y suspendroit à un des murs les couronnes de chêne, où seroient attachés les noms de ceux à qui elles appartiendroient. Si ces nouveaux soldats venoient à oublier qu'ils sont *Français*, au point de déserter, les couronnes seroient arrachées des murs de l'église, et les coupables seroient condamnés à dix ans de bannissement s'ils restoient un an sans rejoindre leurs drapeaux. Si dans le mois de leur faute, ils rentroient à leur corps, ils n'auroient que la honte pour punition, d'avoir fait ôter de l'église leurs couronnes. Si au contraire ils finissoient le temps prescrit, et qu'en rentrant dans leur ville ils apportassent de vrais certificats de bonne conduite, le président de l'aréopage leur donneroit une petite couronne de laurier, au milieu de laquelle seroit un lys; un ruban gros vert l'attacheroit à leurs boutonnières, et ils seroient tenus de la porter toute leur vie.

La famille du paysan qui auroit trois couronnes de chêne et trois couronnes de lauriers en même temps, seroit déclarée solennellement par l'aréopage, alliée de la légion d'honneur, et auroit le droit de porter à perpétuité à son habit, un collet de couleur.

Le corps municipal, dans les villes du premier ordre, seroit composé du maire, de dix-huit consuls et de soixante sergens de ville; dans celles du second ordre, du maire, de quatorze consuls et de cinquante sergens de ville; dans celles du troisième, du maire, de douze consuls et de quarante sergens; dans celles du quatrième, du maire, de dix consuls et de trente sergens; dans celles du cinquième, du maire, de huit consuls et de vingt sergens ; et dans celles du sixième, du maire, de cinq consuls et de dix sergens.

L'uniforme des maires seroit un habit bleu de ciel, brodé en argent au collet et aux paremens. La broderie seroit composée de feuilles d'olivier. Ils auroient dans leurs fonctions une écharpe rouge, et un manteau court écarlate, semé de fleurs de lys en argent. La culotte seroit du même drap que l'habit ; ils seroient en bottes à revers jaunes, et auroient pour arme, un sabre court et droit, auquel seroit attachée une dragonne de colonel.

L'uniforme des consuls seroit le même, avec la différence qu'ils n'auroient point de manteau, que leur écharpe seroit sans franges ; la broderie de l'habit beaucoup moins brillante ; leur sabre sans dragonne, et leur chapeau sans être garni de plumes noires frisées.

Le Gouvernement donneroit le manteau aux maires des petites villes.

L'uniforme des sergens de ville seroit une redingote à pli de corps, allant jusqu'aux genoux seulement, de drap bleu de ciel, ayant le collet et les paremens écarlate ; sur les boutons il y auroit les armes de la ville, ainsi que sur ceux de l'habit des maires et des consuls. Leur chapeau seroit galonné en argent, et ils porteroient un sabre avec un large ceinturon blanc sur l'habit-redingotte. Ils auroient pour chaussure des guêtres en cuir noir.

Le corps municipal seroit obligé d'assister tous les troisièmes dimanches de chaque mois et les grandes festivités aux offices divins. S'il y manquoit, le curé seroit obligé d'en rendre compte.

La place du corps municipal à l'église, seroit à gauche de l'autel, et celle de l'aréopage à droite. Les chaises qui seroient placées pour ces jours-là, seroient recouvertes d'un tapis bleu de roi, semé de fleurs de lys jaunes.

L'aréopage ne seroit tenu d'assister en corps aux offices divins, que les quatre grandes solennités de l'année.

Le corps municipal pourroit, pour des délits relatifs à la police des villes, condamner un citoyen à trois jours de prison ; et l'aréopage pourroit les prolonger de six autres, s'il le trouvoit juste *et à propos*..... Mais en aucun cas il ne pourroit soustraire un citoyen aux trois jours de prison que le corps municipal auroit infligé.

Il n'est d'infaillible que la loi de Dieu ; il est permis de changer une loi, mais jamais la constitution, la forme du Gouvernement....

Article dix-huitième.

Pour ne pas ôter le pain à une infinité de familles que des scélérats trompèrent en leur persuadant qu'ils avoient la liberté, le droit de vendre le bien de quiconque ne pensoit pas comme eux, on exigeroit des émigrés de renouveler le sacrifice de l'héritage de leurs ancêtres à leur Roi. C'est eux-mêmes qui, par leur sublime patriotisme, autoriseroit le Gouvernement à abuser, en quelque sorte, de leur généreux dévouement. Ainsi donc ce seroit sans danger qu'on pourroit leur demander une renonciation légale au bien qui leur a été ravi... Cette renonciation, nous la regardons comme nécessaire pour rassurer les esprits des acquéreurs. Mais aussi on leur rendroit les censives et tout ce qui n'a pas été vendu; comme aussi on établiroit un impôt sur le bien des émigrés vendu et sur celui du clergé, jusqu'à ce que le Gouvernement eût une somme d'argent assez considérable pour qu'elle pût être partagée aux émigrés, afin qu'elle donnât une égale aisance à tout gentilhomme.

Chaque *gentilhomme* recevroit de l'Etat un capital de dix mille livres de rente, auquel il lui seroit impossible de toucher sans une permission du Roi et des aréopages du royaume.

Chaque gentilhomme seroit obligé d'avoir toujours dans ses écuries deux chevaux équipés en guerre.

La noblesse seroit toujours en uniforme, et jamais sans son épée.

Son uniforme seroit cramoisi, collet et parement noir brodé en or. Point de revers. L'habit auroit deux rangs de boutons : sa forme seroit la même que celle des anciens chevaliers. Le pantalon seroit bleu-de-ciel, et le gilet blanc brodé en or. Autour du collet montant de l'habit, il y auroit une frange en or comme celle des épaulettes du colonel, mais un peu plus longue. Les bottes seroient à l'américaine, et le chapeau à l'Henri IV.

Son écharpe seroit en perkale, et auroit des franges en or; son épée seroit comme celle des Romains. Quand elle iroit à la guerre, ou qu'elle monteroit à cheval pour manœuvrer en corps, elle auroit, indépendamment des pistolets d'arçon, une paire de petits pistolets à la ceinture.

La noblesse de chaque gouvernement s'assembleroit tous les deux ans vers le milieu de l'automne, dans la ville la plus convenable, et sous les ordres du chef que *le Roi seul désigneroit.....* Elle resteroit quinze jours seulement réunie, pour acquérir un peu d'ensemble dans les différentes marches et manœuvres de la cavalerie.

Elle ne marcheroit en corps à l'ennemi que quand le Roi iroit à la guerre.

Il y auroit dans le royaume quatre hôtels consacrés à la Légion-d'honneur. Ils seroient occupés par des généraux, des officiers de tout grade, et par des sous-officiers.

Il y auroit un cinquième hôtel pour tous ceux de la Légion-d'honneur qui seroient estropiés.

Les guerriers de cet hôtel auroient seuls le droit d'adresser des discours *de félicitation, d'encouragement, de représentation*, à tous les corps de l'armée, dans toutes les circonstances marquantes.......

ARTICLE DIX-NEUVIÈME.

Il y auroit dans chaque département un tribunal d'honneur.

Avant de dire comme nous l'imaginons, nous allons rapporter un passage extrait des Mémoires de l'immortel Sully :

« Le jour désigné pour le combat, *on an-*
» *nonçoit dès le matin les deux champions*

» *à jeûn, devant le même juge, qui les obli-* » *geoit encore tous deux à assurer, par* » *serment, qu'ils disoient la vérité : après* » *quoi on leur donnoit à manger. Ils s'ar-* » *moient ensuite en sa présence. La qualité* » *des armes avoit été aussi réglée.* Quatre » parrains, choisis avec les mêmes céremo- » nies, les faisoient dépouiller, oindre tout » le corps d'huile, couper la barbe et les che- » veux en rond. *Ils étoient conduits* dans un » camp fermé, et gardé par des personnes » armées, après qu'on *leur avoit rappelé* » *une dernière fois leurs dits et accepta-* » *tions, pour voir s'ils y persistoient et s'ils* » *n'avoient rien à y changer.* On ne les quit- » toit pas même encore dans ce moment. » Les parrains se tenoient à côté d'eux, aux » deux bouts du camp, pour une autre céré- » monie, capable elle seule de leur faire » tomber les armes des mains, sur-tout s'ils » avoient ensemble quelques liaisons d'ami- » tié : c'est que les parrains les faisoient met- » tre à genoux en cet endroit, l'un devant » l'autre. *Ils se prenoient par les mains en* » *se croisant leurs doigts entrelacés; se* » *demandoient l'un à l'autre justice;* se con- » juroient de ne point soutenir une faus- » seté; *protestoient d'agir avec toute la*

» *bonne foi possible, et se juroient de ne* » *chercher la victoire ni par fraude, ni par* » *magie. Les parrains visitoient leurs armes,* » pièces par pièces, pour voir s'il n'y man- » quoit rien, les ramenoient aux deux bouts » du camp, *et leur faisoient faire leurs* » *prières à genoux, et leur confession. En-* » *fin, après leur avoir demandé s'ils avoient* » *aucune parole à faire porter à leur ad-* » *versaire, ils les laissoient en venir aux* » *mains*, ce qu'ils faisoient après le signal » du hérault, qui crioit de dessus les bar- » rières, par trois fois : *Laissez aller les* » *bons combattans.* Il est vrai qu'alors on se » battoit sans quartier, et que le vaincu, » mort ou vif, encouroit toute l'infamie du » crime et du châtiment ; il étoit traîné sur » la claie, en chemise, et ensuite pendu ou » brûlé ; pendant que l'autre s'en retournoit » honoré et triomphant, avec un arrêt qui » lui donnoit gain de cause et toute sorte de » satisfaction. »

Pour éviter de récrire ce que je serois d'avis qui fût conservé en tout ou en partie, j'ai souligné les morceaux qui m'ont paru les plus dignes de remarque ; et quant aux réflexions qu'il y auroit à faire sur tout le reste, nous nous en dispenserons, parce que vraisemblablement nous nous rencontrerions avec trop de gens.

Toutes les institutions sociales ont un but d'utilité, et se ressentent du temps et des circonstances qui leur donnent naissance; elles doivent toutes être *adaptées* aux mœurs, au caractère des nations. Celles de l'antique chevalerie, dans ses combats à outrance, sont empreintes de la barbarie qui les fit naître.

Dans un siècle plus éclairé, dont les mœurs ne sont plus empreintes de cette rudesse, de cette ignorance, de cette singularité qui engendroient les chevaliers errans, cherchant des aventures, et faisant à tort et à travers rendre des hommages à la dame de leurs pensées, dont les charmes et le mérite n'existoient la plupart du temps que dans l'imagination déréglée de leur aveugle amour.

Il faut convenir que le duel, soumis à des réglemens sages, où la raison feroit briller autant de prudence que d'humanité, que de justice, est nécessaire pour contenir l'impétuosité du caractère national dans les bornes de la politesse française, si supérieure à l'urbanité des Romains. C'est le desir de comprimer, autant que possible, cette légèreté, si condamnable dans ses excès, qui nous a donné l'idée d'un tribunal d'honneur, qu'on appelleroit *le tournois national*, qui mettroit fin à la barbarie qui faisoit exiger quelquefois que des parens, que des amis expirassent dans le sang répandu de l'un d'eux, et souvent sans autre motif que celui de l'amour-propre blessé par une vivacité irréfléchie.

Mais sans chercher à faire ici le tableau des grands abus introduits par les combats singuliers, qu'il nous suffise de dire que par l'établissement du *tournois national*, dont nous allons donner les réglemens, on préviendroit, on éviteroit les crimes que fait commettre quelquefois l'impulsion d'une violente colère, d'un desir démesuré de vengeance, ou bien l'indignation impétueuse d'un cœur révolté, méconnoissant les principes par un excès de scrupule envers l'honneur outragé. Ce qui est cause que les jours d'un galant homme, blessé dans sa délicatesse, dans ses principes, dans son amour-propre, sont souvent compromis vis-à-vis un être plus féroce qu'humain, plus lâche que brave, qui, à la faveur d'un tête-à-tête dont le ciel est seul témoin, signale son triomphe par un assassinat.

Nous ne donnerons pas à ce préambule plus d'étendue, car nous parlons sur un sujet qui est depuis si long-temps discuté, que nous ne pourrions que tomber dans les idées des autres.

La *gloire* et le *blâme* régissent le cœur humain; l'une exalte, enflamme, transporte; l'autre humilie. Leurs effets ne sont pas tous les mêmes; ils dépendent plus du cœur qui les éprouve, que de ceux qui les font éprouver.

Nous croyons que l'institution du *tournois national*, et d'une décoration qui ne seroit accordée par les juges du *tribunal d'honneur*, qu'à celui qui auroit vaincu trois fois dans sa propre querelle, sans avoir eu des torts envers son adversaire, seroit accueillie des Français, et que l'effet en seroit remarquable et bon.

La décoration des chevaliers du tournois seroit deux épées, dont les poignées seroient en or, unies par deux dragonnes en argent, sur lesquelles on liroit ces mots : *Raison, honneur.* Aux lames d'acier de ces poignées d'épée, il seroit attaché trois couronnes de laurier entrelacées les unes dans les autres. On ne seroit tenu de porter cette décoration qu'en habit de fête. La couleur du ruban seroit chamois dans le milieu; et sur les bords, couleur de feu. On y liroit dessus : *Honni soit le coupable, vainqueur ou vaincu.* Ces paroles seroient l'inscription de la barrière du tournois.

Tout Français distingué par la bonté de ses mœurs, de son éducation, auroit droit, lorsqu'il seroit offensé, de faire ouvrir la barrière du tournois.

Nul inférieur ne pourroit y combattre contre son supérieur, sans une autorisation expresse du Roi.

Les souverains ne pourroient y être admis qu'à la faveur de *l'incognito*, à moins que ce ne fût pour y vider des différens de souverain à souverain.

Tout général, tout commandant, tout magistrat, tout homme public qui auroit trahi l'Etat, prévariqué dans ses fonctions, violé les lois, seroit à jour fixé, conduit dans *l'arène nationale*, par des sergens de ville. Le président du tribunal d'honneur lui liroit son jugement, et feroit couvrir d'un crêpe noir la tête du coupable; après quoi on lui feroit faire deux fois le tour de l'arène nationale, et on l'en feroit sortir en lui disant : *Retournez dans vos foyers, et n'oubliez jamais que la barrière du tournois national ne peut s'ouvrir pour vous....*

Les juges du tribunal d'honneur auroient pour uniforme l'habit chamois des anciens chevaliers. Pantalon écarlate, veste blanche, écharpe blanche ayant deux lisérés couleur de feu, d'un pouce de largeur chacun. Leur chapeau seroit à la française, garni de plumes blanches frisées. Ils auroient pour chaussure des brodequins. Outre leur épée, ils porteroient à leur ceinture, le jour de *séance martiale*, le pistolet du signal de paix.

Il n'y auroit que le président qui porteroit, sans avoir combattu dans *l'arène nationale*, la décoration du *tournois*.

Les présidens seroient les seuls commandans de l'ordre; le souverain en seroit le grand-maître; il en porteroit le cordon sous celui du Saint-Esprit.

Jamais aucun combat n'auroit lieu dans *l'arène nationale*, si, au préalable, on n'en avoit obtenu la permission du grand-maître : si elle n'étoit pas accordée, l'offensé auroit recours à l'aréopage de sa ville, qui feroit au Roi des représentations. S'il ne le jugeoit pas convenable, et que l'offensé ne fût pas satisfait de ses raisons, le lendemain l'aréopage en corps iroit lui faire une visite. Mais auparavant il enverroit chercher l'offenseur, et lui feroit la remontrance qu'il jugeroit nécessaire.

Oui, l'unique moyen de rendre les combats singuliers extrêmement rares, et d'en rendre le spectacle intéressant et utile, c'est de les permettre.

De la manière dont nous les concevons ici, ils auroient les influences les plus heureuses sur le caractère national. Ils contiendroient non-seulement l'impétuosité française, mais même ils entretiendroient en même temps l'amour belliqueux des Français pour la gloire, et feroient disparoître la barbarie qui signale ces combats, lorsque c'est la seule vengeance qui en règle l'ardeur et la durée.

Dans chaque régiment, il y auroit un tribunal d'honneur soumis aux mêmes réglemens que ceux des départemens.

Dans tous les chefs-lieux des départemens il y auroit une *arène chevaleresque* consacrée à la *noble justice*, exigée par l'honneur de l'offensé et par l'opinion publique. Cette enceinte seroit entourée d'un mur orné de bas-reliefs emblématiques. Il auroit quatre pieds de hauteur, et seroit hérissé de lances tout à l'entour. Cette enceinte auroit dix-huit pas de longueur sur dix de largeur, et décriroit un ovale. A droite en entrant, à l'extrémité de l'arène, il y auroit une estrade où seroient trois siéges en marbre où se placeroit le tribunal d'honneur, qui auroit à ses pieds une banquette également en pierre, où seroient assis les plus anciens officiers de la ville ou des environs, si c'était des officiers qui combattissent; sinon les bourgeois, les gentilshommes les plus marquans, si ce n'étoient point des officiers de l'armée qui eussent demandé à combattre dans l'arène nationale.

On commanderoit, pour le jour du *tournois national*, un détachement de gendarmerie, qui seroit vêtu, pour ce jour-là seulement, d'un habit écarlate, dont la coupe seroit la même que celle des habits de l'antique chevalerie. Le collet et les paremens seroient de velours vert. Il auroit une hallebarde pour arme et un casque romain pour coîffure.

A l'autre bout de l'arène, à gauche, il y auroit la statue de la patrone de la France; à côté d'elle, seroient placés le prêtre du tournois et l'officier de santé.

En face de la barrière, entrée de l'arène, seroit une base de colonne, sur laquelle se mettroit le trompette du tournois; il seroit debout et auroit ses regards fixés sur le tribunal d'honneur.

La barrière seroit placée entre deux pilastres ornés de bas-reliefs représentant des armes grouppées ensemble, soutenant un fronton sur lequel on liroit, comme nous l'avons dit, *honni soit le coupable, vainqueur ou vaincu.*

En dehors de l'arène, il y auroit un triple banc en pierre, formant tout à l'entour amphithéâtre, où le public se placeroit.

Voici quels seroient les réglemens de cette noble et chevaleresque institution.

1.° L'épée seroit la seule arme reçue. Il seroit défendu d'apprendre à tirer des armes plus de *six mois*, sous peine de n'être jamais admis à combattre sous les yeux du tribunal d'honneur.

Tout maître d'escrime qui ne se seroit pas conformé à la défense de cette loi, seroit puni d'un an de prison et d'une amende envers les pauvres.

Avant de combattre, on seroit obligé de jurer combien de temps on a appris à tirer des armes. S'il étoit prouvé qu'on jure à faux, on seroit chassé de l'arène chevaleresque sans avoir combattu.

2.° Les tournois n'auroient lieu qu'à la fin du printemps, et qu'au milieu de l'automne, et jamais que les jours de fête, pour ne pas faire perdre au public un temps consacré au travail.

Le tournois ne commenceroit jamais qu'un instant avant le coucher du soleil. Les combattans seroient tenus de ne pas boire de vin ni de liqueur ce jour-là. Si le tribunal s'appercevoit ; ou qu'on l'eût instruit qu'on a violé cet article de la loi martiale, celui qui auroit eu un pareil tort, seroit chassé de l'arène sans avoir combattu ; mais il ne perdroit pas pour cela le droit d'y comparaître une autre fois, si une nouvelle affaire l'y appeloit.

3.° L'arène ne pourroit s'ouvrir que quand il y auroit quatre combattans..... La mort d'aucun, dans aucun cas, ne seroit *exigée*... L'arène seroit pour toujours fermée pour celui qui, ayant eu tort, y auroit combattu trois fois..... et celui, au contraire, qui auroit été trois fois proclamé vainqueur, sans avoir eu des torts, seroit fait dans l'arène même et sur l'heure, *chevalier du tournois*.

4.° Dès qu'une querelle auroit eu lieu, l'offensé feroit son rapport au *tribunal d'honneur*, qui jugeroit s'il y a sujet à être inscrit sur le tableau des affaires du tournois. S'il étoit décidé que l'offensé feroit ouvrir la barrière du tournois, les adversaires en seroient avertis par les papiers publics ; sinon on leur répondroit, s'ils n'étoient pas admis à combattre, par des remontrances analogues aux griefs de l'offensé, et aux raisons du refus de les admettre à se satisfaire l'épée à la main.

5.° Après que le président ou un des juges

auroit achevé son discours, la trompette sonneroit le signal du combat, et les champions, placés de chaque côté de la statue de la patrone de la France, avec leurs *parrains*, y déposeroient leurs habits, devant combattre nu corps de la ceinture en haut. Alors leurs parrains leur mettroient en bandouillère le grand cordon du tournois, de droite à gauche. De là, ils iroient aux pieds du tribunal d'honneur, qui leur feroit jurer qu'ils se pardonnent mutuellement, et que dans le combat ils ne se permettroient rien qui pût être contraire aux règles des bienséances et de l'honnêteté.

Ce serment seroit prononcé sur deux épées, que les plus anciens officiers de la ville tiendroient dans leurs mains.

Les deux combattans seroient alors reconduits par leurs parrains, auprès de la statue de la patrone de la France, où ils mettroient un genou à terre, et l'aumônier du tournois leur feroit un petit discours. Après cela, leurs parrains les reconduiroient au milieu de l'arène, où ils placeroient les deux combattans, à six pas l'un de l'autre.

Ceux qui attendroient leur tour pour combattre, seroient assis, un de chaque côté, près de la statue de la patrone de la France.

Les parrains diroient aux combattans : *n'oubliez pas que Dieu et vos compatriotes vous voyent ; vous êtes libres, satisfaites-vous.*

Les parrains seroient vêtus de drap noir. Pendant le combat, ils auroient leurs épées nues à la main, et ne seroient qu'à deux pas des combattans.

Le président du tribunal arrêteroit le combat à volonté par un coup de pistolet, qu'il tireroit en l'air. Les deux autres juges seroient aussi armés d'un pistolet, pour faire entendre le signal convenu, en cas que le coup du président n'eût pas pris feu.

Aussitôt que le coup de pistolet seroit entendu, les combattans mettroient leurs épées à terre, et se rendroient aux pieds du *tribunal d'honneur.*

Ce seroit dans ce moment que le président donneroit une branche de lauriers à celui qui seroit exempt de torts, et diroit deux mots de remontrances à celui qui, par ses propos ou ses violences, auroit nécessité le combat. Il les feroit embrasser. La trompette sonneroit pour lors la clôture de la séance chevaleresque, et le public pourroit en cet instant, par un léger murmure, sans se permettre la moindre expression, marquer son improbation au coupable, vainqueur ou vaincu.

6.° Le tribunal d'honneur sortiroit le dernier de l'arène.

7.° Le discours du président, les noms des combattans et les détails des *séances chevaleresques* seroient envoyés aux journalistes, qui seroient tenus de les faire connoître à la nation.

8.° Si l'innocent étoit tué, il seroit enterré dans l'arène; si c'étoit au contraire le coupable, il le seroit entre l'arène et l'amphithéâtre. Mais, soit pour l'innocent comme pour le coupable, on placeroit une draperie noire autour de l'arène, et elle y resteroit deux jours. On l'attacheroit à l'extrémité des lances, et décriroit des festons. Pendant ces deux jours, il y auroit une sentinelle dans l'arène.

9.° Sans la promesse d'un pardon mutuel, point de combat..... Pourroit-il y avoir de spectacle plus touchant que celui, ou par religion on se pardonneroit, par honneur on se combattroit, et par devoir on maîtriseroit la haine et la vengeance sous l'égide de la loi, par une soumission des plus respectables, des plus touchantes?

Quelle noble impulsion un pareil spectacle

ne donneroit-il pas à la nation entière ?......

10.° Tout duel, toute rencontre, tout combat singulier qui auroit lieu ailleurs que dans les *arènes chevaleresques*, seroient punis du bannissement de sa patrie et du déshonneur de ne pouvoir jamais entrer dans l'arène nationale, pour s'y satisfaire selon le vœu de la loi martiale.

11.° Avant l'âge de vingt ans, nul Français ne pourroit faire aucune réclamation au tribunal d'honneur; et celui qui auroit dépassé soixante-cinq ans, ne seroit pas tenu de tirer personnellement raison d'aucune offense. Son âge seroit considéré par l'opinion publique, comme une égide qui mettroit à couvert sa délicatesse de toute insulte.

12.° Si le supérieur avoit eu des torts envers son inférieur, il seroit doublement puni que l'inférieur qui se seroit rendu légèrement coupable envers lui. Le premier ne doit jamais oublier qu'il ne peut pas donner raison à son inférieur. Ces deux causes seroient néanmoins portées au *tribunal d'honneur*, qui prononceroit sa sentence publiquement; mais une fois que les militaires seroient rendus à la vie civile, les distinctions de rang, en commençant à l'officier seulement, et finissant au général, n'existeroient plus, et on seroit indistinctement admis, si c'étoit nécessaire, à combattre dans l'*arène nationale*.

A présent, il ne me reste qu'à défendre mon projet d'institution d'*arène chevaleresque*, de *tribunal d'honneur* aux yeux des ministres de la religion. Je demande qu'on me lise avec attention, avec bonne-foi, et qu'on mette de côté toute espèce de prévention..... Mais qu'il est rare de trouver des personnes qui ne se laissent pas entraîner par une routine d'idées qui résiste souvent à l'évidence même !

La loi, qui émane d'un ardent et pur desir du bien légitime tout, tout ce qu'elle ordonne pour empêcher, prévenir de plus grands maux. Mais il faut qu'elle soit conçue d'après une grande connoissance des mœurs de son pays, de l'esprit public, du caractère national et d'un amour désintéressé de la justice.

Une fois que le *tribunal d'honneur* seroit institué, établi par les lois de l'Etat, cette institution ne seroit pas plus condamnable, plus irréligieuse que bien d'autres, sur lesquelles la religion se tait, et que d'autres auxquelles *elle sourit*... ou plutôt que ses ministres honorent de toute la solennité de ses temples.....

Tout le monde demeure d'accord, que ce

que l'honneur et la religion dirent hier, elles le diront toujours ; que leur langage est trop sublime pour éprouver jamais de changement.... Il ne faut donc pas oublier ce que les siècles passés ont vu ; ce que j'ai rapporté des Mémoires de Sully, qui, comme historien, mérite toute confiance. Il dit : qu'*avant de lâcher les combattans, on les faisoit confesser*.... : preuve que le sacerdoce d'alors n'étoit pas opposé à l'usage des combats en champs clos. Si on a pu y *consentir* il y a trois siècles, à plus forte raison aujourd'hui, où le scrupule a subi, comme toutes choses, l'effet malheureux d'une philosophie perverse, qui a pénétré en tout lieu avec un ascendant exécrable, et avoit presque détruit tout ce qui retardoit sa marche vagabonde.

L'homme qui déserte ses drapeaux est puni de mort, et son cadavre est porté en terre au bruit des hymnes funèbres, la croix précédant le cortège. Pourtant ce *gibet déicide* ne fut arrosé du sang de l'Homme-Dieu que pour épargner celui des hommes ; car sa morale est sublime et sa loi n'est qu'*amour*. Il ne veut pas la mort du pécheur, mais si bien sa conversion. Cependant on anticipe sur la loi de la nature, en faisant mourir, avant l'heure, ce malheureux Français, qui n'avoit déserté que parce qu'on avoit *forcé sa vocation*, et que manquant de cœur, il manqua aussi de constance.....

Il est des tribunaux pour punir les grands crimes par la main du bourreau. Que le sang coule sous la main d'un bourreau ou sous celle d'un adversaire, n'est-ce pas toujours du sang humain ? Et l'honneur n'est-il pas aussi cher que la vie ? Les attentats portés à l'honneur méritent-ils moins d'être punis que ceux qu'on porte à la vie de son semblable ? Et n'est-ce pas la force de la loi qui répand le sang du coupable ? Je ne vois pas, qu'aux yeux même de la religion, il y ait la moindre différence. Que je me venge par un autre ou par moi-même, c'est toujours *de la vengeance*..... et celle du *tribunal d'honneur* seroit aussi *orthodoxe* que quelque vengeance de justice qu'on imagine, dès qu'elle ne seroit que l'expression de la loi qui l'auroit soumise et réglée.....

N'oublions pas que de nos jours sur-tout, on a affecté de dire qu'il n'arrivoit rien ici-bas sans la permission du Très-Haut, et on en concluoit que puisque Buonaparte régnoit, c'est que Dieu l'avoit voulu..... On fait le mal à chaque instant, *et croit-on que Dieu le veuille?* Il le souffre, il a laissé nos intérêts dans nos mains ; nous sommes libres et mortels, et lui est tout-puissant et éternel. Cela répond à des objections que je passe sous silence, à l'égard du triomphe du coupable.....

Est-il plus humain, plus religieux, parce qu'un homme poussé par la faim, par la honte, par le désespoir, aura volé à son voisin une somme pour alimenter sa famille, n'ayant pu se procurer du travail, le riche gardant son or, et retenant dans son cœur toute compassion captive, ce qui livre nécessairement le pauvre à l'oisiveté et à la plus affreuse misère, de l'envoyer mourir à chaque minute pendant dix, vingt, trente ans, toute sa vie aux galères? où on n'a pas pour ce malheureux les soins qu'on a à la ménagerie pour les bêtes les plus féroces? Il est vrai, tout bien considéré, qu'elles le sont moins que l'homme.

La justice divine pardonne; la justice humaine écrase, efface l'homme de sur la terre sans *en cacher* ni *changer les traces*... En général, on est plus adroit pour esquiver la loi, qu'on n'est scrupuleux pour la respecter.

Ayant tant fait que de reconnoître qu'un Gouvernement quelconque peut punir les délits et les fautes comme il l'entend, sans avoir égard à l'esprit du sacrement de pénitence, vraiment d'institution divine, les décrets de tous les tribunaux doivent être égaux en droits aux yeux des prêtres, pourvu qu'ils soient bien selon les lois de l'Etat....

Puisque l'on a identifié la religion à toutes sortes de Gouvernemens, quoique le Gouvernement d'un seul soit le plus agréable à la Divinité, comme étant plus conforme à l'ordre admirable qui règne dans l'univers, et que l'on a eu la mal-adresse, dès l'origine, de ne pas s'emparer des rênes des Gouvernemens, car il n'étoit pas plus difficile de faire de la croix le sceptre du monde, que de l'y faire planer comme étant le signe infaillible d'une éternelle rédemption.

Qu'importe que telle sentence soit rendue par le *tribunal d'honneur* ou par celui de première instance, ou par la cour d'assises? Que leur importe que mon adversaire, de mon consentement, et de celui des lois et de la nation, m'enfonce un fer acéré dans le corps; ou bien que des juges en robe rouge ou noire me jugulent, me tuent mille fois dans le long cours d'une procédure, qui met toutes les passions en jeu, et à la mendicité une famille entière ? Ce n'est ni beau, ni juste, ni bien réglé; c'est affreux, et pourtant voilà les grands progrès des lumières du siècle tant vanté, sans fondement, sur les plus importans rapports ! pourtant la religion est en *accord* avec la justice dont je parle.... Je ne veux pas dire qu'elle approuve les péchés des magistrats, des avocats et des plaideurs, mais qu'elle protège l'institution des tribunaux, quoiqu'ils aient leurs abus, comme tout ce qui est du ressort de l'homme.

Quelle que soit une sentence, n'est-ce pas toujours des hommes qui ont condamné d'autres hommes ? et lorsqu'on aura attaqué l'amour-propre, l'honneur d'un Français doit-il y être moins sensible qu'à un vil intérêt, qu'aux atteintes portées à des jours que le coup-d'aile d'une seconde peut ravir ? La peine et le dommage qu'on lui aura fait seront-ils moins grands, moins affreux dans l'esprit du public que dans le sien ?....

Quand les mœurs d'une nation en sont à un tel degré de délicatesse sur le point d'honneur qu'elles le *sont* en France, il n'y a d'autre moyen d'arrêter les abus de la vengeance, du ressentiment, de tous les écarts de la violente colère, que par le *tribunal d'honneur*...

Oui, réfléchissez-y bien, *suivez* ces idées,

sur lequelles je ne veux pas m'appesantir..... Je dirai cependant encore deux mots sur le même sujet, et puis je n'en parlerai plus.

Il suffit de me transporter à une des époques dont l'éclat est toujours proportionné au plus ou moins de larmes et de sang qu'elles font couler, pour faire ressortir l'inconséquence manifeste de ce qu'on pourroit dire contre les combats qui auroient lieu dans *l'arène nationale*, si on instituoit le *tribunal d'honneur*.

Quel bruit tout-à-coup vient frapper mes oreilles, s'écrioit un homme paisible dans les derniers faits d'armes de l'extravagant tyran des Français, de cet usurpateur infâme qui auroit immolé la nation entière à son *aveugle ambition*, si la Providence n'eût mis un terme à sa colère ? quel est l'évènement heureux que l'airain des cloches annonce à la cité, et les salves redoublées de l'artillerie à toute la contrée ? Ce jour, disoit-il, n'a rien ce me semble, de plus solennel que de coutume.... Barbare ! lui répond un des esclaves de l'usurpateur, que dites-vous donc là ? c'est pour célébrer, par un *Te Deum*, la destruction d'une ville immense, la seconde du vaste empire de Russie, de *Moscou*, et l'extermination de 50,000 Russes, et d'autant de Français, vraisemblablement.

Ajoutons à cela deux réflexions : transportons-nous en esprit sur les champs de carnage où étoient gissans et confondus tant d'hommes qui, sans avoir rien à se reprocher mutuellement, s'étoient donné la mort avec tant de fureur. Ici, je crois entendre un grenadier expirant sur un peu de terre rougie de son sang, et couverte de son corps mutilé, se demandant à lui-même : que m'avoit fait ce vieux soldat que j'ai noyé dans son sang, qui me demandoit un reste de vie que le sort sembloit vouloir lui conserver, et qui sans doute étoit nécessaire à sa famille, à son salut?.... Que m'avoit fait, s'écrioit aussi de son côté un Cosaque, parlant d'un jeune Français qui n'avoit pas même encore de signes de puberté, qui, après avoir eu un bras emporté par un coup de canon, levoit encore une main suppliante, et des yeux pleins de foi vers le ciel, comme pour me dire qu'il n'étoit pas encore prêt à paroître devant son grand Dieu, ou bien pour appeler à son secours l'ange commis à sa garde?..... J'ai eu pourtant, disoit-il, avec des accens qui annonçoient son repentir, et qu'il rougissoit de sa barbarie, la cruauté de lui plonger ma lance dans le cœur......

Quel assemblage d'abominations ne se présente-t-il pas à l'esprit toutes les fois qu'on pense aux *Te Deum* qu'a fait chanter le moderne *Attila ?*...... Quels tableaux affreux, quels récits révoltans ne pourroit-on pas faire étant inspiré par la vérité, la compassion, la morale et la justice ?..... Mais bornons-nous seulement à observer, et cela suffira pour faire ressortir ma critique et mon but, que cependant des millions de *chrétiens*, dans chaque empire belligérant, courent réciproquement dans les temples du Seigneur pour célébrer le vandalisme le plus atroce, de la manière la plus solennelle, la plus scandaleuse, la plus inhumaine; car, aux sanglots des mères et des épouses, des pères et des frères surchargés de crêpes funèbres par d'horribles victoires, on mêle le bruissement des cloches, des canons, les accords pompeux d'une musique civique, les accens de l'alégresse, les chants religieux, toute la solennité des fêtes les plus saintes.

O ciel! que d'inconséquence, que de folie, d'insensibilité, d'horreur, aux pieds de l'autel du Dieu mort pour les hommes! faisant de l'amour des ennemis un précepte sacré ; le plus grand peut-être de sa morale si sublime, si fort au-dessus de toutes les conceptions humaines !

Mais ne poussons pas plus loin ce *petit commentaire ;* la vérité s'y fait assez sentir ; et concluons, même de ce que je n'ai pas dit, mais que ceux qui me liront se diront à eux-mêmes, qu'il faudroit refondre le corps social, non en une séance, comme les fous si inhumains de *quatre-vingt-neuf*, mais avec toute la lenteur de la végétation ou de la progression du jour.

FIN.

www.ingramcontent.com/pod-product-compliance
Ingram Content Group UK Ltd.
Pitfield, Milton Keynes, MK11 3LW, UK
UKHW020158200726
13856UKWH00003B/1068